丁言昭　著

萧红

纪念卡

团结出版社
UNITY PRESS

© 团结出版社，2024 年

图书在版编目（ＣＩＰ）数据

萧红纪念卡 / 丁言昭著 . -- 北京：团结出版社，
2024. 10. -- ISBN 978-7-5234-1211-4

Ⅰ . K825.6

中国国家版本馆 CIP 数据核字第 2024QY4828 号

责任编辑：梁光玉　陈梦霏
特约编辑：张安庆
封面设计：谭　浩

出　版：团结出版社
　　　　（北京市东城区东皇城根南街 84 号 邮编：100006）
电　话：（010）65228880 65244790（出版社）
　　　　（010）65238766 85113874 65133603（发行部）
　　　　（010）65133603（邮购）
网　址：http://www.tjpress.com
E-mail：zb65244790@vip.163.com
经　销：全国新华书店
印　装：三河市东方印刷有限公司

开　本：145mm×210mm　32 开
印　张：10.25　　　　　　　字　数：215 千字
版　次：2024 年 10 月 第 1 版　印　次：2024 年 10 月 第 1 次印刷

书　号：978-7-5234-1211-4
定　价：68.00 元
　　　　（版权所属，盗版必究）

萧红纪念卡的缘起

　　小时候，每次父亲丁景唐下班，我总是盯着他手里提着的一捆书，一旦书放到桌上，我立即挑那些封面漂亮、书名有趣的书，有《一只想飞的猫》《芬芬为啥剃光头》《大林和小林》等。一直到那疯狂的年代，我还能在父亲的书橱里找到一套精装的《鲁迅全集》，一本本地读。当祖国的春天来到时，我开始跟着父亲学写关于鲁迅、瞿秋白、左联五烈士、左翼文化运动的研究文章。从研究鲁迅，扩大到与鲁迅有关的一些作家，其中就有萧红。

　　我看了很多萧红的作品及有关她的文章，一天，我突发奇想，如果我请见过萧红的人题词，一定非常有意义。于是我请父亲的一些朋友帮忙，首先是木刻家戎戈先生为我刻了三枚萧红头像。然后又请王观泉帮忙，找其刚调到北京鲁迅博物馆的好朋友王世家到印刷厂，印制了精致的萧红纪念卡，有横的和竖的两种版本。接着，我就四处发信或登门拜访，请萧红的同辈人在纪念卡上题词。

这些都是热心肠的老人，很快就满足了我的请求。经过几年的努力，我已收集到丁玲、丁聪、巴金、丰村、孔罗荪、白危、田间、冯和法、叶露茜、沙梅、陈涓、吴朗西、吴似鸿、沈玉贤、杨范、周玉屏、季峰、范泉、姚奔、骆宾基、赵蔚青、姜椿芳、徐迟、徐徽、高兰、高原、聂绀弩、黄源、萧军、梅林、曹靖华、傅秀兰、舒群、塞克、贾容、端木蕻良、戴爱莲、周海婴、梁山丁三十九位前辈题词的萧红纪念卡。

目前这些前辈都已成故人，萧红纪念卡更显珍贵。现在我写这组文章，以示纪念。

I- 萧红纪念卡的缘起

萧红纪念卡

丁 玲

　　1942 年 4 月 25 日是个风雨交加的日子，丁玲在延安窑洞里，忍着头脑快要爆炸的痛苦，因为里面装着太多事，需要呕吐出来；忍着手臂的关节炎疼痛；忍着看东西有点模糊的沙眼麻烦，她仍然写着、写着，写下一篇《风雨中忆萧红》。

　　如果是和平的年代，也许在这样恶劣的天气里，丁玲会与朋友一起煮酒烹茶、谈天说地，也许和情侣一起琴棋书画，也许躺在沙发上看一些动人的作品……可是丁玲想起了那些死去的，或正在受难的故人。

　　她想起了冯雪峰。

　　冯雪峰当丁玲的日文老师时，她已与胡也频同居。丁玲虽然爱着冯雪峰，但她不能离开胡也频，更不能伤害与胡也频之间纯洁的感情。爱情和道德是一对孪生兄弟，爱情是衡量道德最灵敏、最精确的天平，同时又以崇高的道德作为前提。丁玲写下坦白心迹的《不算情书》，使人们走进她那毫无遮拦的情感世界；冯雪峰再怎么样理智，在纯属私人的书信或日记中还是会有所流露。

有一天，我到上海图书馆去看书，偶然发现冯雪峰写给戴望舒的信里写到一句："昨日一信想已收到。今日颇烦闷，终萦思西湖，实在好笑。"信写于 1928 年 3 月 1 日，我算了算时间，1928 年 2 月，冯雪峰、胡也频、丁玲一起住在杭州，不久，冯雪峰一人回沪，这封信正是冯雪峰回到上海后写的，他心中还时时惦念着丁玲。与冯雪峰相处，丁玲感受到崇高的意义和一个成熟男人的幸福。后来，丁玲淡出情网，与胡也频和好如初。

丁玲想起了瞿秋白，想他在政治生活中过了那么多年，在临死之前，还不能免于有所申诉，她常常责怪他写《多余的话》，然而当她去体味他内心的战斗历史时，却又不能不被他感动。

洞外滴滴答答的雨滴声在耳旁不停地响着，下到地里却看不见，只是打湿了地面，空中展示优美舞姿的柳絮和蒲公英，这会儿都一声不吭地被粘在泥地里，再也起不来了。那些迸出苞芽的桃李，也被雨打得凋谢。此时，丁玲想起了萧红……

1938 年 1 月，萧红应李公朴约，和萧军、田间、塞克、端木蕻良、聂绀弩等人从武昌到山西临汾，去民族革命大学教书。不久，一个人去运城，那儿是民族革命大学第三分校，原来打算 2 月底从运城出发，3 月 5 日左右到延安。但是萧红最终没有去延安，而随同丁玲领导的西北战地服务团走了。

在临汾，萧红和丁玲第一次见面了，这是中国现代文学史上两位著名女作家一次珍贵的会晤。萧红抬头望着身着八路军军装、头戴军帽的丁玲，感到她具有的英雄气概。然而她那笑，那明朗的眼睛，仍然属于女性的"柔和"。丁玲望着萧红苍白的脸、紧紧闭着的嘴唇、敏捷的动作，听着她神经质的笑声、自然而直率的话语，觉得她显得有些稚嫩和软弱。而且很奇怪，作为一个作家的萧红，为什么会那样少于世故？尽管她俩在思想上、在感情上、在性格上有差别，但彼此能理解，一见如故。她们一起尽情地唱歌、痛饮，每夜谈到很晚才睡觉。可以说，处于完全不同社会背景的两个左翼作家，一开始就心灵交融了。

在临汾，萧红和萧军决定"还是各走自己要走的路"，丁玲目睹一切，很同情萧红，但不能也无法对她的生活方式提出决策性的意见，因为她俩毕竟是初交，而且两人的生活方式相距太远。

陈明说："记得 38 年西战团在西安，住在梁府街女子中学，我常见到萧红，觉得她热情、单纯（其实那时我二十一岁，比她也许更单纯）。因为丁玲和她的关系，我们都尊重她。只是看见她那时成天和着马靴、穿皮茄克衫、拿着马鞭的那位先生一起在宿处进进出出闲逛，我们大家看不惯。这种情绪并不是对她的，而只是由当时那位先生的举止才引起的；我们对她只是有点担心、惋惜。"（1994年4月5日陈明致丁言昭信）

信中说的"那位先生"是指端木蕻良。

对于萧红这种处境，很久生活在军旅中，且习惯于粗犷思维的丁玲相信繁忙的工作可以使人从痛苦中解脱出来，因此要求萧红和其他几个随团转移的作家、戏剧家一起创作剧本。

当时塞克和田间是西北战地服务团（以下简称西战团）团员，并且参加实际工作。萧红、聂绀弩、端木蕻良不是西战团的。那时山西前线吃紧，民族革命大学从临汾撤退，他们是进步文化人士，作为丁玲的朋友，吃住在西战团，随西战团一起行动了一个时期。

这一招果然很灵，萧红打起精神，把自己的私事暂时抛一边，用笔投入到壮烈的抗日救亡运动中去了，这也是丁玲的一番苦心。

由丁玲想到萧红，由萧红想到丁玲。1980年，我对父亲说：

"我想写丁玲传。"谁知父亲说:"你的功力不够,写不出来的。"
还有许多人都劝我别写,因为难度太大。

写好《丁玲传》是有一定的难度,她的人生遭遇、革命经
历、创作生涯,桩桩件件看似透明度极高,却又有道不明说不
清之处。正因为有难度,才更具有挑战性。

我以前为关露、萧红、王映霞、许广平、曹聚仁等人写的
传记,都是顺着年岁的增长来写的,要想超越别人,首先要超
越自己,打破已经写熟的构架,改变习惯的叙述语言,将一个
真实的、立体的、优秀的丁玲展现在读者面前。

丁玲开始进行文学创作时,就有人研究丁玲了,但真正作
为一门学科,有系统、有计划、有学术性的研究,要从 1970 年
算起。多年来,有关丁玲的研究资料,夸张点说是浩如烟海。
所以我对这些资料的梳理和阅读丁玲的作品,是很花时间的。
我在父亲的人脉中,寻找有关材料。特别要提到的是宋路霞女
士。当时她在华东师范大学图书馆工作,我请她复印了大量关
于丁玲的材料。她现在已是撰写家族史的大家,非常感谢她给
我的帮助。

在做这些案头工作时,我察觉到有关丁玲的一些敏感问题,
如与毛泽东、冯雪峰、冯达的关系,这方面资料不多,有时简

直是空白点。20 世纪 90 年代初，已有好几种丁玲传问世，我要写一本与众不同的，无非依赖两个方面：观点和资料都要新。

经过五年的创作和修改，《在男人的世界里——丁玲传》于 1998 年 5 月在台湾出版，接着大陆也相继出版。一些文坛前辈看了我的书，给我很大的鼓励。有一天，我接到陈明从北京打来的长途电话，他说他一口气看完了《丁玲传》，并说要送我四个字。我当时有点紧张，不知道是哪四个字？他顿了顿，慢慢地、有力地说："恰如其分。"这是对我最高的评价，我高兴地连说："谢谢，谢谢！"想起 1994 年 4 月 5 日陈明伯伯给我的信中，曾讲到丁玲"一生几乎处在矛盾的中心，风浪的漩涡，写她的传有较突出的复杂和困难；但正因此也才会引起写作的兴趣"。接着又说："我相信，以你的志气、才气、热情和此前三本传记的写作经验，还有你身边那头'老马'的支持和指点，你一定能完美成功地写出这独特的第四本。"这里的"老马"是指我父亲。现在我交出了一份使陈明伯伯满意的答卷。

在延安与丁玲同一个党小组的黎辛老公公在 1999 年 1 月 28 日写给我的信中说："您说这是您写得最好的传记，我感到这是我读过的丁玲传记中最好的一本。如果您还写传记，以您的刻苦、公正与才华，可写出传记的杰作，攀登传记文学的高峰。"

茵子阿姨于 1999 年 1 月 30 日写给父亲的信中说："言昭写

了丁玲文章，确实有特色，我花了三个晚上初读一遍，现已推荐给别的爱好者去看。她可算最能理解丁玲痛苦心情的人，写到与冯达的一些事情，言昭是费了不少心血的，那样善解人意，也可慰丁玲于地下了。言昭如你一样，引用史实务求准确翔实，特别是传主心理方面也有合情合理的深意，这是难能可贵的。"

陈明是丁玲最后的爱侣，也是丁玲的研究者，从抗日战争、解放战争、新中国成立初期、蒙冤遭遇，以及平反后重新投入工作的曲折生活，他俩都在一起，没有分离。陈明曾说："我这一生，大部分时间是和丁玲共同度过的，而且和她在一起的岁月，是我生命中最宝贵的年华。"

我与丁玲只见过一面，那是在20世纪80年代，她动过手术后，到庐山，经过上海，住在衡山宾馆，我随父亲去看望她。我觉得她精神很好，不像生过病的人，也许是丈夫照顾得好吧。只是和她握手时，察觉她手软绵绵的，没有劲。此后，我如有啥事，都是找陈明，不舍得麻烦丁玲。

20世纪80年代中期，我和陈思和、周忠麟准备编一本《写给爱人的信》，我们登门拜访了柯灵、王西彦、朱雯、于伶、梅林等老作家；又拜访了鲁彦、曹聚仁、靳以的亲属；还写信给丁玲、艾青、臧克家以及老舍、潘漠华的亲属。

陈明在 1984 年 12 月 14 日给我的信中说:"言昭同志有意编选一册作家书信集,我很赞成。但我们的通信,由于战争环境,经常流动,加上十年磨难,大部散失,仅存者不多,亦无暇整理。言昭同志的创意,对我们可说是一个催促,当争取时间,从故纸中翻阅,一有所得,当尽早寄上不误。"等待是焦急的,盼望是殷切的,禁不住又写了信,说希望得到好消息,信刚寄出,同月 19 日陈明就寄来厚厚的一封信,我拆开一看,果然是丁玲写给陈明的信,陈明还附了信,写道:"寄上 1948 年丁玲在农村土改时写给我的一封信,你看是否能采用?为了帮助读者,对信中提到的几处,我另写了简单的注释。是否必要,请一并斟酌。我们之间的通讯,由于各种原因,保存得极少。这一封也是最近才得到的,恕我不能提供更多的材料了。"

1983 年 6 月 10 日,丁玲为我的萧红纪念卡题词:

伊人独憔悴

这句话来自于当年杜甫评价李白:"冠盖满京华,斯人独憔悴。"(《梦李白·其二》)京都的官僚们冠盖相续,唯你不能显达、形容憔悴。由此,我们想到鲁迅的"寂寞新文苑,平安旧战场。两间余一卒,荷戟独彷徨"(《题〈彷徨〉》)。

丁玲改了一个字,将"斯"改成"伊",改得好,题得好,借用得很巧妙,是对萧红坎坷悲怆一生的写照。

1942 年萧红在香港病逝的消息传到延安，1942 年 4 月 8 日和 1942 年 5 月 3 日《解放日报》第二版上，先后刊登《萧红病逝》《延安文艺界追悼女作家萧红》；1942 年 6 月 4 日重庆的《新华日报》第二版上，刊登《延安文艺界开会追悼女作家萧红》。

萧红的去世，引起延安人士深切哀悼。1942 年 5 月 1 日下午 2 时，延安文化界在文抗作家俱乐部举行追悼会。参加的有文抗、边区文协、草叶社、谷雨社、《解放日报》文艺栏、部队文艺社及鲁艺等团体；参加的作家中有不少是萧红的朋友，如丁玲、萧军、舒群、塞克、罗烽、白朗、艾青等，大约有五十人。会场悬挂着王朝闻先生精心绘制的萧红画像，由担任主席的丁玲致悼词，萧军报告萧红生平及其著作，舒群说："萧红今年只有三十一岁，正是年少力壮时期，然而她却离我们而长逝。"周文、何其芳也纷纷发言，刘白羽别开生面地诵读萧红的一文代替发言。

我与丁聪同姓

以前，在报刊上看见好玩的漫画，下面署名者为"小丁"，心想这人怎么与我的名字相似，因为我进剧团当编剧后，人们称我"小丁"。后来才知道这个"小丁"，原来是我国有名的美术家——丁聪。

早在民国时期，丁聪父亲丁悚就因漫画大名鼎鼎，被称为中国漫画界先驱。著名文史学家、"补白大王"郑逸梅回忆丁悚时说："他为人低调，每来公园小聚，总是坐在边角，带耳朵听听。"丁悚于1891年出生在浙江嘉善，自幼父母早逝，生活过得很困苦。十二岁到上海，经人介绍，入当铺做学徒。他对美术不光是热爱，而是酷爱，为此，业余时间到美术专科学校进修，学习国画、西画，一时间，上海《申报》《新闻报》《神州日报》等报刊上，均有他的作品。同时受聘于上海英美烟草公司广告部，从事香烟招贴画的设计绘制，还兼任《上海画报》《健康家庭》的编务工作。20世纪20年代后期，丁悚家成为一批年轻人聚集的地方。

丁聪生于 1916 年，自幼受父亲影响，十四岁在上海清心中学读书时，开始发表漫画。此后画笔没停止过，一直到 2009 年 5 月 26 日谢世。

抗日战争后，丁聪为《救亡漫画》作画，编辑《良友》《大地》《今日中国》等画报。1940 年在重庆任中国电影制片厂美术师，为话剧《雾重庆》设计布景。丁聪这一辈子，画的多是文学插图、漫画、肖像画，大都是尺幅不大的小作品，可他画得用心用力，如他说："画小画，费大劲。"所幸这些费大劲画出来的小画，至今被人称道。

他画的肖像画，好特别，虽然小得像题花，但精简、准确又有装饰感的勾勒，真是美而有趣。凡是社会上的文化名人，他几乎都画过，与人通信，讲的大部分都是关于画画的事情。如 1985 年 5 月 7 日致作家姜德明的信中道："画像奉上，请审处。照片两张，遵嘱留在《读书》范用同志，以资保险。聂绀弩我画过三种不同样的，但手头一幅也找不到……何其芳我未画过，也找不到照片或印刷品……"（姜德明编著:《作家百简》，2003 年 5 月，河北教育出版社出版）

我在 2005 年 4 月 3 日《新民晚报》上看到一幅丁聪画的萧

红像，线条简单、精确，萧红梳着两条小辫子，辫梢上扎着两只蝴蝶结，浓密的前刘海覆盖着脑门，目光炯炯有神，双唇紧闭，望着前方，鼻子和嘴之间的人中非常醒目，特别长。人们说人中长，寿命长，可是这句古老的话，对萧红却不适用，她那么年轻就已去世。

在画像的下面有一段萧红的自述："从祖父那里，知道了人生除掉了冰冷和憎恶而外，还有温暖和爱。所以我就向这'温暖'和'爱'的方面，怀着永久的憧憬和追求。"接着是梅志对萧红的评价，说："她的一生是反封建的勇士，但在个人生活上她是一个弱者、失败者。"看得出，丁聪在画人物之前，做了很多案头工作，不然，找不出这么准确的话语。

我与丁聪先生只见过一次面。

1979年4月，创造社元老郑伯奇三女郑季敏来沪住我家。一次，出版家赵家璧请她去吃饭，我陪同前往。那天是1979年4月3日，到南昌路、思南路口的洁而精饭店后，发现在座的有一位个子不高的前辈，赵伯伯也没介绍他是谁。饭后，这位前辈应赵伯伯之邀，给其孙子画像，他立刻拿起笔，三画两画，一个可爱的小男孩头像跃出纸面，下面署名"小丁"。啊，原来他就是丁聪！

当时，我心里痒痒的，好想请他也给我画一幅，可是初次相见，怎么好意思呢。机会来了，我知道王观泉先生与他是"北大荒"的挚友，当时，丁聪、聂绀弩等一批被打成"右派分子"的文化人，去"北大荒"劳动。有一次，王观泉先生讲起他们在那儿喝酒的趣事，说他们喝着喝着，忽然找不到"小丁"了，便到处寻找，不知是谁，听到一阵呼噜声，顺着声音，结果在桌底下，找到了正在打呼噜的"小丁"。

1986 年我写信给丁聪，问起此事，回信中他说："信中提到我与老聂喝酒的趣事，不知说的是哪些？"接着，说到在"北大荒"找酒的事情。"在'北大荒'的冬夜，有时踏雪甚至冒雪走几里去小镇上敲铺子的门板，为买到一点可怜的'色酒'之类的事，是不止一次发生过。"他还说，"我很想知道'人家'说的是哪些？有些故事，是好事者编的（如黄永玉，就专会编故事），因为编得很有趣，所以也不要去否定它，让多些人笑笑，何乐而不为呢！不必计较有几分是真、几分是假。"最后幽默地问道："你以为然否？"我肯定回答："我以为然也！"

丁聪的签名很有趣，信的开头，称我为"小丁"，大概为了区别辈分，落款又签上"小丁叔叔"（1986 年 7 月 6 日丁聪致丁言昭信）。

于是我请王观泉先生带去一张我的照片，请"小丁"为我画一张。当王先生到北京去看望丁聪时，把我的照片交给他，丁聪将我的照片夹在桌上的夹子里。据王先生告知，有一次去丁聪家，看到一张为我画的图，当即朝他要，回说不行，还得再改改。这一改是无限期的，到现在我也没拿到。

那时，我正热心于萧红的研究，想起丁聪在香港与萧红有一段交往，于是采访了丁聪。现在这页采访稿还留在我手上。

1978 年起，由王观泉先生等人推动，在黑龙江掀起"萧红热"，波及到上海，正值我那时从研究鲁迅，转到研究与鲁迅有关的女作家——萧红，几年来写了一连串关于萧红的文章，还请父亲朋友帮助，印制了萧红纪念卡。接着我四处发信，有的登门拜访，请凡是见过萧红并与之有交往的前辈，在萧红纪念卡上题词，至今已有三十九张。

1982 年年底，丁聪为我题了萧红纪念卡，密密麻麻地差不多写满了整张卡。他写道：

1940 年 8 月，在香港的文联同人纪念鲁迅诞辰，萧红写了一本剧本"民族魂鲁迅"，把鲁迅小说中的人物如阿 Q、祥林嫂、孔乙己……都组织在内。由于当时条件所限，无法排演，由徐迟和我改编为只有几个人的哑剧。在"孔圣堂"演出时，演员找不到，临时把我推上了台（这是我生平唯一的一次）。事后萧红还来后台与我握手一番。此四十余年前旧事，现应丁言昭同志之嘱，记此存念。

1940年8月左香港的文协同人纪念鲁迅诞辰，萧红写了一本剧本"民族魂鲁迅"，把鲁迅小说中的人物为阿Q、祥林嫂、孔乙己……都组织在内。由于当时条件所限，无法排练，由徐迟和我随便凑为只几个人的哑剧。在"孔圣人"演出时，实发找不到，临时把我推上了台（这是我生平唯一一次）。事后萧红还来后台与我握手一事，也叶来年事旧事，现在丁言略略记之喉，记已存念。丁聪　1982年

萧红是 1940 年 1 月 17 日飞抵香港，穿着打扮颇有点欧化风韵，有时穿她最喜欢的那件盘着金色花边的枣红色绒长旗袍，有时穿浅色西装，看到她的人，都觉得萧红显得既年轻又美丽，气质温和而平静。她到香港后，参加了一系列社会活动。

鲁迅诞生于 1881 年 9 月 25 日，农历八月初三。1940 年鲁迅虚岁六十岁，实足五十九岁，按照中国人习惯，逢九算大生日。1940 年 8 月 3 日香港文协等好几个单位发起举行鲁迅先生诞辰六十周年纪念大会，这是香港的一大盛举。有的文章说是 1941 年举行，这是不对的，因为萧红在 1941 年 8 月或者 9 月已经生病，不可能写剧本。白天，萧红讲了鲁迅的生平；晚上，演出一台丰富的节目，光是戏剧，就有田汉编的《阿 Q 正传》、鲁迅写的《过客》，还有哑剧《民族魂鲁迅》。鲁迅由银行职员张宗祜扮演，张正宇给他化的妆。

《民族魂鲁迅》原来是一出四幕剧，前后出场的达三十多人，经过丁聪和徐迟的修改，才得以顺利演出，丁聪和徐迟的功劳很大，徐迟记得萧红闪着满意的泪花向他们表示出了高兴的情绪。

丁聪在1982年底就为我写好了，可是等到1983年2月25日才寄出。原来他去翻拍了一张非常珍贵的照片，是1948年在香港浅水湾萧红墓前，他与夏衍及其女儿沈宁、阳翰笙、周而复、叶以群、曹禺、白杨、张瑞芳、吴祖光、张骏祥的合影，影中人现在只有沈宁在世，已有八十多岁了。

丁聪在回信中说："很抱歉，因为等一张翻拍的照片，所以耽搁了些时日，我想你也许会有兴趣搜集这张有纪念意义的照片，可惜技术不佳，太模糊了，聊胜于无吧！"接着谈了自己的近况，说："这两年画了一些画，都是应付约稿之作，眼高手低，惭愧！年将七十，再不画没有时间了，所以也顾不得献丑了。"

看了信，我感到前辈对我的爱护，那么忙的工作中，记得为我翻拍照片，还问我"也许会有兴趣搜集"这些"有纪念意义的照片"，我当然有兴趣！信写于2月25日，26日寄到，27日我就回信，内容就是感谢，大概还谈了自己最近在干什么……

我永远会记得这位与我同姓的——丁聪！

丰　村

　　老早以前，我一直不知道丰村是他的笔名，想姓丰的人一定会交好运的。毕竟五谷丰登、年年丰收、丰衣足食……都是褒义词。后来才知道丰村伯伯原来叫冯叶莘，而且一生命运坎坷。

　　1917 年 11 月 13 日丰村生于河南省清丰县马村集的一个冯姓大家族。1935 年到河北大名师范读书时开始接触和靠拢组织，1936 年 10 月加入中国共产党，随即积极投身于抗日救亡运动。

　　1938 年丰村徒步前往革命圣地——延安，因未转移党的组织关系导致脱党。随后为寻找组织证明，先后参加组织活动的战地服务团、政治工作队、中华全国文艺界抗敌协会、中华全国抗日总会。在四川的几年中，他在成都、丰都、重庆等地的中学教过书，到工厂当过雇员。其间，丰村受到国民党县党部的驱逐、国民党警察的搜查抄家，遭受过国民党特务的绑架、逮捕和无端迫害，所有这些，都没有动摇过他对党的信念。1950 年 1 月，经夏衍和叶以群同志介绍，丰村重新加入中国共产党。

人称丰都为鬼城，晚上行人手持印有"丰都"两个字的灯笼，确实有鬼城阴森森的感觉。那时，与丰村一起到丰都的有骆宾基、萧白、竹可羽等人。抗日战争胜利后，丰村离开四川，经南京到上海。这时，他与骆宾基、萧白、竹可羽等人在沪相聚，好是高兴啊！他们或是上咖啡馆，或是上丰村家、葛琴家、萧白家，抱负相同，谈得很投机。

在 1957 年，丰村在"反右斗争"中被划为"重点批判对象"，打成"彻底的修正主义"，直到粉碎"四人帮"后平反。

"文化大革命"后，丰村伯伯在上海文联担任工作，我经常到文联去找他，有时是帮父亲干活，有时是为我自己的事情去麻烦丰村伯伯，例如请他帮我弄一张文艺会堂的出入证。每次他看到我，总是笑嘻嘻地问："小丁，来了，有什么事吗？"

记得有一次，我和几个同学一起到文艺会堂去玩，见到丰村伯伯，他指着吴海燕说："你们可知道她爸爸是谁吗？"有的同学不知道，摇摇头，我说："我知道，是白危伯伯，写过《垦荒曲》。""是啊。他到黄泛区生活好长时间，回来后进行创作的。你们都是学编剧的，要想写出好作品，一定要有生活。"大家都点点头，我说："丰村伯伯，我们都记住了！"后来我到剧团当编剧时，时常会记起丰村伯伯的话。心想，丰村伯伯不愧是大作家，知道生活才是创作的源泉。他抗日战争时期即开始进行文学创作，先后出版长篇小说《大地的城》《太阳出来了》，中篇小说《烦恼的年代》，短篇小说集《望八里家》《毁坏》《灵魂的受难》《呼唤》《北方》等。

1980 年 8 月 21 日来自美国的葛浩文，从哈尔滨乘飞机到上海来寻找萧红的踪迹。上海作家协会通知我和父亲丁景唐一起去接他。在去机场的车上，我拼命地搜肠刮肚，寻找我快要遗忘的英文单词，以便跳过语言障碍，了解一些国外有关萧红研究的情况。谁知见了面，却使我大吃一惊，这位大高个儿、黄头发、蓝眼睛、高鼻梁的美国朋友口中吐出的竟是一连串漂亮的普通话。一路上，我们萧红长、萧红短地说个不停，到了宾馆，我们似乎成了老朋友，介绍人嘛，当然是那位"与蓝天碧水永存"的萧红。

其实，早在半年前，我在 1980 年第 1 期《新文学史料》上看到一篇来信摘登《寄自美国的读者意见》，作者即葛浩文。他毕业于美国印第安纳大学，1981 年任美国旧金山州立大学副教授、中文系主任。1965 年在台湾开始学习汉语文学。后来在美籍中国学者柳无忌先生（柳亚子之子）的指导下，葛浩文专攻中国现代文学，写了一本《萧红评传》，获文学博士学位。

1986 年我见到来沪参加中国当代文学国际研讨会的葛浩文先生。一见面，我就问："你见到刊登在《新民晚报》上的文章吗？"我见他露出不解的目光，便说："就是你的老师柳无忌先生写的《萧红如何在美国成名》。""见到了。""那么，我也来凑热闹，写一篇《三见葛老兄》吧。""不，题目应该叫《葛浩文如何在中国出名》。"他眨了眨眼睛，神秘地说。这篇文章后来刊登在 1986 年 12 月 20 日《新民晚报》。

现在，人们把葛浩文先生称为现当代文学作品翻译成英文最积极、最有成就的翻译家。他翻译的作家有几十位，翻译最多的是萧红和莫言。

1980 年 8 月 22 日下大雨，我穿了一双高筒雨靴，和父亲陪葛浩文先生参观了鲁迅纪念馆，晚上在静安宾馆吃晚餐，当时杜宣和丰村都参加了。我是第一次在那儿吃饭，觉得端上来的菜，既有卖相又好吃，堪称色香味俱全。那天丰村伯伯坐在我旁边，见我有点拘束，便悄悄地对我说："没关系，想吃什么，告诉我，我来帮你。"我笑着点点头。这时服务员端上一笼东西，我以为是小笼包，等到服务员打开一看，原来是菜，黑乎乎的，冒着热气，飘来一阵香味，我低声问："那是什么菜？"丰村伯伯不响，用公筷夹了一块放到我的碗里，我一吃，味道好极了。"这是粉蒸牛肉。"耳边响起丰村伯伯的声音。以后，我再也没有吃到过这么好吃的牛肉。

闲聊中，丰村伯伯问我最近在做什么。我说，我正在找当年见过萧红、与她有交往的前辈。他听了，笑着说："你眼前就有一个啊！"我瞪着他看，"你？""是啊。"

那天聚会结束时，用葛浩文的照相机，服务员为大家拍了几张照片，当时我想，这些照片不知道能否看到？谁知 1980 年 10 月 7 日收到来自美国的信，信封上写的是葛浩文的原名 Goldblatte Howard，我摸摸信封，硬邦邦的，心中一喜，肯定是照片，打开一看，果然是的，还有一封信，写于 1980 年 9 月 26 日。信中写："兹奉上几张照片作为纪念，请查收。麻烦您方便的话也将杜宣、丰村二位先生的照片转送给他们，谢谢。"接着，向我和父亲的热情接待表示感谢。后来，我依信照办，将照片送给杜宣和丰村。

那天，我们离开静安宾馆时，与丰村约了个时间，去拜访他。我和父亲走进丰村家，与我家一样，满眼都是书。我看见丰村夫人正在院子里忙着，她看见我们来，上前与父亲说了些话，又去干自己的事了。

丰村说，他是在 1938 年，在西安与萧红认识。当时他是一个文学青年，而萧红在社会上已大有名气，但她仍然很热情地接待了丰村，并与他谈了一些文学创作上的事。与丰村同去的还有一个青年作者，叫李因红。李因红是陕西师范学校的一名语文老师，曾经写了本小说——《高粱红了的时候》，内中谈到他们与萧红的交往情况。

从丰村家回来不久，我到上海图书馆去寻找李因红的《高粱红了的时候》，可惜没有。于是我又去找了丰村，他就介绍他在西安的朋友牧野先生帮助我。

牧野先生生于 1909 年，1991 年去世，原名厉国瑞。1931年在开封读书，1938 年毕业于中央航空学校飞行专业，毕业后任飞行教官，先后升空六次与日寇作战，获抗战勋章，是位英雄啊！1941 年任中华全国文艺界抗敌协会成部分会理事。此时，与丰村相识，并成为好朋友。1938 年始，牧野在成都、重庆、上海都发表过一些作品，与岳父叶圣陶联合主编《笔阵》。1950年，先后任北京电影制片厂教科片编剧、西安电影制片厂编剧。著作有《牧野文存》《怎样学飞》，小说《两种脚印》，诗歌《克拉玛依颂》等。

我在 1981 年 3 月 8 日，依照丰村伯伯提供的地址给牧野先生写信，并说明是丰村介绍我来找他的。同年同月 17 日收到牧野的回信。他说："你叫我代为寻找'关于萧红的事'和'李因红写的《高粱红了的时候》'以及'齐济平和李因红的下落'三件事情，小说我明知难找，但还是打听了两个书店，回答是连小说的名字也没听说过，因是四十二年前出版的。齐济平和李因红的下落也没有问出来。"接着牧野说萧红以"悄吟"笔名出版过一本《生死场》，骆宾基出版过《萧红小传》，萧军在《新文学史料》第二、第三、第四期上连载过《萧红书简辑存注释录》，他将这些关于萧红的信息告诉我。

虽然我要问的问题没有找到答案，可是我还是非常感谢他们。在我的研究工作中，如果没有这些前辈的帮助，我会碰到更多的困难。现在想想，没有答案，其实也就是答案呀，至少我知道在西安没有《高粱红了的时候》这本书。

1982 年 12 月 25 日丰村伯伯给我的萧红纪念卡上写道：

我是一九三八年夏初，在西安认识萧红的。那时，她和萧军、塞克、端木蕻良等，从山西临汾民族革命大学撤退，绕道到西安的。

当时，她和萧军仍然生活在一起。我是以青年作者，和她（他）们来往的。

　　这里，有个时间错误，1938 年 2 月，萧红等人随丁玲的战地服务团到西安，4 月与端木蕻良到武汉。以我的理解，应该是 1938 年初春。

　　丰村伯伯在 1989 年 2 月 20 日离开了我们，但他那慈祥的微笑永远留在我的脑海里。

孔罗荪、周玉屏伉俪

听说孔罗荪到上海来了，1980 年的一天，我与父亲丁景唐去看望孔伯伯。一进门，看到椅子上坐了位女士，不知是刚回来，还是准备出门，只见她穿了件很合身的风衣，显得高雅又潇洒，标准的鹅蛋脸上嵌着笔挺的鼻梁。据说她在读中学时，被评为校花呢。父亲说："这是周阿姨。"我赶紧叫了一声。

她是孔罗荪的夫人，叫周玉屏，是广东开平人，出身于一个封建大家庭，一切要听命于家长。她虽然是南方人，可是自幼长在东北。当她在铁岭读完初中后，三姐写信让她到哈尔滨去度暑假，得到父亲的同意，前往哈尔滨，由五哥来接站，那是 1928 年。夏天，周玉屏考入东北省特别区区立第一女子中学校。这个学校是当地唯一的女子中学，名声很大，学风严谨，教学有方，培育了不少人才，例如在体坛打破全国女子短跑纪录的运动员——以孙桂云为首的五员虎将，这在 1930 年初，是轰动远东的大新闻。这所学校还培养出后来成为作家的萧红。

那时，周玉屏在高中二班，萧红是初中四班的学生。由于她俩不在一个年级，全校同学又多，虽无深交，却已相识。周阿姨说："也许是我们都有些突出的特点和缘分吧。"（周玉屏：《我的怀念》，载1982年1月17日《哈尔滨日报》第三版）她指的"特点"，我猜大约是说萧红的写作和美术在学校里蛮出名的，而周阿姨的秀美引人眼球，不然，怎么会成为校花呢？

周阿姨的眼中，萧红个子高高的、很温柔、很文静，每次遇到，总是互相笑笑，亲切招呼，但她们从来没有坐下来深谈过，也没有一起玩过。给周阿姨的感觉，萧红的情绪有点忧郁，微笑中有点与众不同。1930年萧红初中毕业后就离校了，虽然偶尔听到一些有关她的传闻，却始终未再见到她本人，一直到全面抗战爆发她们在汉口见面，此是后话。

1931年，周玉屏高中毕业后，在第三小学教书，晚上到法政大学去读夜大学。这一年，周玉屏第一次参加社会工作。这是她走向社会，走向独立生活的开始。那时，汉口闹水灾，哈尔滨妇女界发起游园募捐救灾活动，周玉屏应邀参加。就在这次活动中，她认识了孔罗荪——自己未来的丈夫。

孔罗荪原籍上海，1912年2月8日生于山东济南，1927年冬到哈尔滨，在邮政局工作，业余从事文学活动。之后便开始向当地报纸副刊投稿，由于投稿的关系，结识了几个文学青年，大都在二十岁上下，孔伯伯是最年轻的一个。大家在一起议论，想结一个社，给报纸编一个副刊，孔伯伯为它起了个名字"蓓蕾"，取其年轻、稚嫩之意。后同《国际协报》的副刊主编赵惜梦商量，取得他的支持和协助，由孔伯伯主编，很快哈尔滨《国际协报》文学副刊《蓓蕾》诞生了。

孔伯伯十七岁那年，就写了十万字的小说《新坟》，在报上连载数月，颇有影响。也许是这部作品让周玉屏对孔罗荪刮目相看，不久，他俩一起参加寒光剧社，演出田汉的《湖上悲剧》。松花江和太阳岛是哈尔滨一景，夏天，是天然的游泳场，冬天，江水结成厚厚的冰，变成溜冰场。周玉屏的校友孙佳云、刘静贞、肖淑苓等人，经常在冰场上进行滑冰表演，周玉屏和孔罗荪也挤在人群里欣赏。

共同的理想、爱好，使两个年轻人越走越近，最终他们谈婚论嫁了。

1931年发生"九一八"事变，1932年初，日本侵略者的铁蹄踏进了哈尔滨，黑暗和恐怖笼罩了整个城市，孔罗荪与周玉屏匆匆结婚，婚后三天便离开哈尔滨到上海，然后转往武汉。

1935年至1937年，孔罗荪在汉口编《大光报》文学副刊《紫线》；1937年至1938年在汉口与冯乃超、蒋锡金合作创办

《战斗》旬刊并任主编；1938 年起担任汉口、重庆中华全国文艺界抗敌协会的机关刊物《抗战文艺》编委及中华全国文艺界抗敌协会理事兼出版部副部长。

抗战初期，文艺界人士纷纷从各地聚集在武汉，也许是缘分吧，周玉屏与萧红久别重逢，令人倍加惊喜和亲切。当时，萧红已经是知名东北作家，周玉屏真为她的才华和成就感到高兴。当时萧红还送给她一张与萧军的合影照，她一直珍藏着。

由于日寇进逼，局势紧张，周玉屏带着两个孩子，随赵丹等人组织的演剧队入川去重庆，孔罗荪一人留在汉口三教街住所，房子空出来后成了文协的活动场地。

1938 年 8 月武汉遭到大轰炸，文化人向香港、广州、昆明、重庆撤退，梅林、罗烽、端木蕻良等先后到重庆，萧红一人拿了简单行李，坐了人力车，到三教街找孔罗荪和蒋锡金，那天只有蒋锡金在。

蒋锡金问："你怎么来了？"

"我要搬到这里住。"

"端木呢？"

"去重庆了。"

蒋锡金想：你一个孕妇，睡在哪儿呢？

萧红看见蒋锡金不响，便看了看走廊，说："我住定了，睡在走廊楼梯口的地方，去买条席子就行了。"

蒋锡金说："席子倒有，可是那里是人来人往的通路，你睡不稳，别人行走也不方便。"

萧红的倔劲上来了，向蒋锡金要了席子后，打开铺盖，不管三七二十一就躺下。蒋锡金看她样子非常疲倦，肚子又隆起老高，就说："你先休息吧，这事等罗荪回来商量，我不能做主。"

萧红与周玉屏有一层特殊的关系，孔罗荪怎么会不让她住下呢。晚上，萧红和孔罗荪、蒋锡金一起吃晚饭时，就把这事定下来了。

这个临时的"避难所"，没人烧饭，大家就轮流烧，天天讨论每餐吃什么。内容还挺丰富，有锦江的砂锅豆腐、冠生园的什锦窝饭、乡下浓汤等。

饭后，他们就闲谈，萧红吸着烟，常常谈到将来的计划。

有一次，她说："人需要为着一种理想而生活。即使是日常生活上的很琐细的事，也应该有理想。"冯乃超的妻子李声韵听了笑笑，不作声。

孔罗荪斜躺在沙发上，故意逗她："那么，我们就来谈谈最小的理想吧！"

"我提议，我们到重庆以后，要开一座文艺咖啡室，你们赞成吗？"

"唔，你做老板，我当伙计，好吧！"李声韵接过萧红的话，说着自己先笑起来，萧红和孔罗荪也笑了。忽然，萧红收住笑，一本正经地说："这是正经事，不是说玩笑，作家生活太苦，需要有调剂。我们的文艺咖啡室一定要有最漂亮、最舒适的设备，比方说：灯光、壁饰、座位、台布、桌子上的摆设、使用的器皿等等，而且所有的人都是具有美的标准的。而且我们要选择最好的音乐，使客人得到休息。哦，总之，这个地方可以使作家感觉到是最能休息的地方。"

"我完全赞同，好，我们现在到'美丽'去安顿一下我们的兴奋的灵魂吧。"孔罗荪提议。（孔罗荪：《忆萧红》，载1980年7月《战地》1980年第4期）接着，三个人起劲地设计这个美丽的计划。说了那么长时间的萧红和李声韵都觉得累了，两人几乎同时说："现在很累，还想在这里休息一下。"后来萧红与孔罗荪先后到了重庆，不常见面，但每次碰到总要提起文艺咖啡室，而这事情最终成为泡影。

虽然萧红三十一岁就去世，可是在周玉屏心里依旧常常怀念着她，觉得她的文章写得清秀流畅，宛如一溪春水，清澈沁人。她并不写那些动人心魄的故事，却写出了现实社会一些普通人的遭遇和他们的内心世界，这些牵动着读者的灵魂，同作者一起感受着那个世界所带来的忧郁。

1982 年 11 月，周阿姨和孔伯伯为我的萧红纪念卡题词。周阿姨写道：

肖（萧）红同学离校后在武汉和重庆又两次重逢，更加深了我们的友情。
她的生活是坎坷的，
她的才华是出众的，
她的一生是短暂的，
他（她）的作品却富有生命力的，
赢得了国内外广大读者，
赢得了世界荣誉。

纪念 肖红

肖红同学离校后在武汉和重庆又两次重逢，更加深了我们的友情。
她的生活是坎坷的，
她的才华是出众的，
她的一生是短期的，
他的作品却富有生命力的，
赢得了国内外广大读者，
赢得了世界荣誉。

周玉屏 82年11月于北京

孔伯伯这样写：

早在三十年代初的哈尔滨，我就知道了她的名字，看到了她的作品，一直到一九三八年在武汉才同她相识。只是不久她到了重庆，一九四一年她不幸病死在香港。

萧红是一位很有才华的女作家，由于时代和环境的关系，她未能充分发挥她的才华，便与世长辞了。

她的一生是十分坎坷的，在她短短的生活旅程中，却留下了十分珍贵的遗产，不多但是扎实。

尽管如此，在她的身后却获得了世界的声誉，成为世界知名的作家，并且有了不少萧红作品的研究者，这正是她的幸福。

当我向孔伯伯要照片时，1982 年 12 月 29 日立即寄来，并附了封信，说他们到日本访问了两周，刚回来收到信，并说："你要的小照片随信附上。"

早在三十年代初，在哈尔滨，我就知道了她的名字，读到了她的作品，一直到一九三八年在武汉才同她相识。只见了几次面，一九四一年她不幸病死在香港。

萧红是一位很有才华的女作家，由于时代和环境的关系，她未能充分发挥她的才华，便与世长辞了。

她的一生是坎坷的，在她短暂的生命旅程中，留下了坎坷的足迹，不幸和失意。

在爱她的人们和她的身后和花圈上签下声音，让世界知道她的作品，至今仍有不少萧红作品的爱护者，这便是她的幸福。

1949 年 10 月以后，周玉屏先后在人民银行、上海文艺出版社、上海出版文献资料编辑所等单位工作。孔罗荪则相继在南京文联和上海作家协会工作。1978 年调北京参加全国文联的筹备恢复工作，并任《文艺报》主编。1979 年起，任中国作家协会书记处书记、中国现代文学馆的第一任馆长。他曾出版过许多作品，有杂文集《野火》《小雨点》《最后的旗帜》《喜剧世界》《决裂集》；文学评论集《文艺漫笔》；小说散文集《寂寞》《战斗需要力量》《保卫社会主义文学》《文艺散论》《罗荪文学论集》《罗荪近作》等。

孔罗荪与周玉屏是一对患难与共、相濡以沫的模范夫妇。文化界有人称赞周玉屏是一个很有才华的女性，为了丈夫的事业作出了很大的牺牲。

1985 年，孔罗荪从《文艺报》主编的岗位上退下来后不久，忽然记忆力衰退，发了一次高烧后，身体更虚弱了，后来又陷入瘫痪状态。这时，周玉屏显得十分坚强，日夜守候在病床边，照顾自己的丈夫。多少年来，孔罗荪的病情几度恶化，却都奇迹般地出现转机，这里面渗透了他夫人挚爱的心血。由于劳累过度，周玉屏于 1994 年去世。

数十年来，与自己相依为命的妻子骤然离去，这对孔罗荪的打击实在太大，1996 年 6 月 26 日孔罗荪逝世。

白 危

1984 年 10 月 20 日白危伯伯去世，大学同学冯慧打电话来告诉我，消息是千真万确，然而我却宁愿相信这是冯慧撒的谎……

1964 年我考入上海戏剧学院，班上有个叫吴海燕的女同学，长得胖乎乎的，大家开玩笑称她小胖妞。有一次，我们上她家去玩，我发现靠墙的大书柜里整整齐齐地放了两排精装的《垦荒曲》，作者署名白危。

"白危是谁？"我问海燕。

"是我爸爸呀。"海燕自豪地说。

"你不是姓吴吗？"我疑惑不解地问道。

"啊呀，白危是笔名，真名叫吴渤。"

"噢。"我恍然大悟。

看着这么多的精装本，我心里痒痒的，真想开口讨一本，然后请吴伯伯签上大名，盖上图章，那该多好啊！可是直到离开海燕家，我也没好意思要。

关于这本《垦荒曲》，是吴伯伯后来近十年生活的结果。他于1950年春，参加黄泛区土改工作队时，就很想写一部这方面的小说。从1952年冬起，他到河南省国营黄泛区农场深入生活了七年，还投身农场附近农村的合作化、公社化运动，和那里的人民苦乐与共、患难相处，产生了深厚的感情。本来，他还打算将垦区这二十多年的发展变化，写成一部长篇小说，作为《垦荒曲》的续集，但不幸他竟匆匆而去。未完成的心愿对他本人固然是抱憾终身，对我国文学界来说，也是一大损失。杜宣称他是"垦荒终生"。吴伯伯早在1930年就开始文学创作，先后著有短篇小说《夏征》《渡荒》《青年拖拉机手》，中篇小说《过关》，长篇小说《沙河坝风情》等。

1938年5月，白危伯伯经兰州八路军办事处介绍，到革命圣地延安参观访问，受到毛主席亲切会见。在五个多月的时间内，他陆续写了十万字的报告文学《延安印象记》，寄给在孤岛坚持斗争的许广平。后因许广平被捕，大部分文稿丢失，其中《毛泽东片段》一文在 1939 年 7 月刊发的《七月》杂志上发表。

几年时间一晃而过，我和吴海燕都从学校毕业，踏上工作岗位，各自为社会创造精神财富。我在业余时间跟着父亲丁景唐进行现代文学研究。1981 年我准备把 1978 年写的《鲁迅和〈木刻创作法〉》再修改一下，寄给刊物发表，以纪念鲁迅诞辰一百周年。

当时为了使文章内容再充实一些，我在 1978 年 9 月 6 日上午，急匆匆地去敲吴伯伯的门，因为他曾在鲁迅先生鼓励和指导下，编译完成这本木刻版画理论书籍。

当我踏进二楼的房门时，就非常后悔，因为他正埋身在一大堆稿纸里，忘情地写着。我不好意思打搅他，便悄悄地在门口等着。等吴伯伯写完一段，抬起头来看到我时，立即站起来，笑容满面地招呼我进去，让我坐下，并拿出糖果、水果招待我这个"不速之客"。那天，我急匆匆地把来意说明，问了一些事先拟好的问题，如：鲁迅是如何指导的？为什么这本书的出版拖了那么长时间？怎么会想到写此书的？等等，说完我留下稿子，就匆忙地离开了。

没过几天，收到吴伯伯的信，让我去取稿子。按照约定的时间，我又去拜访了吴伯伯。这天，我比较从容，吴伯伯一手拿着稿子，一手拿着笔，边写，边谈……时间不知不觉过去一个多小时。要不是怕他疲劳，我真想多听他谈谈。

1931年白危在上海参加进步文艺活动，同时在虹桥路日本人办的"东亚同文书院"学习日语。他没学过美术，但有一些学习木刻的朋友，20世纪30年代初，他住在法租界太平桥新华艺专附近，与"上海一八艺社研究所"的青年版画家陈铁耕住在一起。1933年的夏天，这些朋友一致游说白危从日文翻译点木刻方面的理论书籍，以解决中国木刻理论书籍缺乏的问题。

朋友的鼓励激起他的兴趣，但上哪里找这些参考书呢？他想起热心扶植中国木刻的鲁迅先生。他记得1931年4月17日鲁迅先生在增田、镰田的陪同下，到同文书院，以《流氓与文学》为题，讲演了一个小时。虽然那时他没有与鲁迅先生交谈，但留下深刻印象。于是，通过陈铁耕的介绍，他去请教了鲁迅先生。

鲁迅在百忙中，依然热情地为白危介绍了一些书，有《东洋版画篇》《西洋版画篇》，还托人到日本买有关版画的理论书。

一切准备就绪，白危开始进行翻译工作，"但到仔细一看，动手翻译的时候，困难问题都出来了，而且愈来愈多，感到束手无策，决定放弃这计划。不料在千爱里展览会上先生很关心地提出这问题，真使我面红耳赤，深悔孟浪，不自量力。但他完全不以为意，极力鼓励我继续下去，当场替我解答了许多疑难问题，并且答应为我校阅，这才使我重下决心，硬着头皮译下去"。（白危：《回忆鲁迅先生二三事》，载1949年10月19日《大公报》）

经过几番周折，白危终于编译完成《木刻创作法》一书初稿。鲁迅对书稿进行校阅、修改、润色，写了序文，此序文后编入《南腔北调集》。可惜这本书于1933年编就后，一直到1937年1月才由读书生活出版社出版，鲁迅生前竟未看到。鲁迅在《序》中说："至今没有一本讲说木刻的书，这才是第一本。"其实，这里有误，第一本是赖少其编译的《创作版画雕刻法》，1934年12月由形象艺术社出版。

也就在这时，吴伯伯开始接触文艺，用白危的笔名写散文、小说，编刊物，当教员，直到全国解放。

1960年和1970年，我跟着父亲丁景唐和吴伯伯遇到过几次，大人说话孩子不能随意插话，只能一旁站着，现在我能够自己找上门，多谈谈也就熟悉起来。1981年我在赶写萧红诞辰七十周年学术讨论会的论文，论文题目为《萧红在上海事迹考》，发现萧红1937年1月至10月住在吕班路（今重庆南路）256

弄。当时吕班路属法租界，吕班（Dubail）是 1898 年（清光绪二十四年）时的法国驻华公使。

萧红于 1936 年 7 月 17 日东渡日本，直至 1937 年 1 月回到上海后，居住在这里。

1981 年 5 月 24 日，我连续采访了当时住在吕班路的钱君匋和白危先生。

那时吕班路上很寂静，难得有人走过，马路两边没有树，光秃秃的。马路中央，行驶的是一辆十路单节的有轨电车，三分之一的车厢涂成墨绿色，属一等车厢；三分之二的车厢涂银灰色，属于三等车厢；没有二等车厢。车速很慢，没有车门，只要你有本事，可以随便跳上跳下。由于乘车的人少，所以间隔二十分钟才来一辆车。吕班路靠近霞飞路（今淮海中路）的地方，有不少俄国大菜馆，四角钱就可以吃得好饱，长年顾客是白俄人，但住在附近的中国穷作家也偶然光顾。

白危是读了《生死场》后才知道萧红的，而且印象很深。萧红从日本回来后，白危时常在重庆路上碰到她。那时萧红的辫子已剪掉，没烫发，因为瘦，脸显得长，人也见长，经常上身套件毛衣，下边穿一条到小腿的裙子，这在上海属浪漫的打扮。起先萧红见到白危，只是礼貌性地点点头，很少说话，所以白危觉得她挺严肃。后来白危到两萧家去做客，才发现萧红待人犹如热水瓶，外冷内热。

20世纪30年代在上海的女作家不多，从东北逃亡到上海的女作家就更少了，因此白危和左联的朋友，如黄新波、洪灵菲在一起谈文艺的情况，谈论某个人的作品时，常会提到萧红。朋友们说，萧红和萧军感情不太融洽，萧红个性极强，和萧军针锋相对，搞不到一起。白危想起在马路上见到萧红和萧军，发现他们是一前一后地走着，萧军在前大踏步地走，萧红在后边跟着，很少见到他们并排走。

这是萧红与萧军在沪居住的最后一个地方，还没去实地考察过，可惜我又不认识那个地方。怎么办呢？我立刻想起了吴伯伯，当年他曾到萧红家去作客，或许还记得。于是我马上给他写信，希望能陪我走一趟。

1981年5月20日吴伯伯来信说："吕班路256弄萧红旧居，我只记得大致方向，却记不起门牌号码。假如你有兴趣的话，我当奉陪，准备星期日（24号）上午8时半，我在256弄口恭候，你看如何？"吴伯伯在"上午8时半"下面打上着重号。

那天我刚到，只见一个人骑车飞驰而来。在我面前戛然停住，我还没看清楚是谁，那人已敏捷地从车上跳下来，正是吴伯伯。天呐，那年他已经是七十岁了，却好似小青年一般活络！吴伯伯带着我走进弄堂，说："对，萧红就是住在这儿，一点也没变。"

弄堂里是一排整齐的西班牙式楼房，门口有台阶，最顶层是假三层，弄内六七幢都是坐北朝南的。吴伯伯回忆说："弄内朝西原来没有门的，可以通到思南路的周公馆，楼房门前朝南的一排树，原先也没有的。弄堂斜对面是邹韬奋故居。那时弄内时有空房子，房客大部分是白俄，东北作家曾集居在此。"

但是，两萧住在哪幢楼？白危伯伯搞不清楚，因为弄内的房子都差不多，后来我在萧耘和王建中合编的一本画册里，看到一张照片，是萧红和萧军站在楼前的台阶上，头上面有个号码，是7号。

2020年5月10日上午，我到重庆南路、复兴中路口，实地考察。发现这条弄堂已没有，只有256号，没有256弄。我看见有三幢房子还留着，上面的号码是8、9、10，那么1号到7号到哪儿去了呢？问了那里的工作人员，都回答："不知道！"或是说："没有了！"

从重庆南路到复兴中路，再到思南路，这一大块地方都属于思南公馆。周围是思南露天博物馆、思南书局、酒家、咖啡馆等，给上海人增加了一个活动场所。沿马路竖着很多块广告牌，上面写着：让工作和生活更接近，新空间／科技载体，新体验／文化高地，新思路／活动社区，等等。

1981 年 5 月 20 日信的后半段，吴伯伯写："王德芬的文章我没看见，前不久她寄给我一本《文物天地》，内有她的回忆录。《布谷鸟》可否借我一阅？如方便，请于 24 日带来。"

王德芬是萧军第二任妻子，吴伯伯与王德芬的姐姐王德谦极熟，他俩于 1935 年或 1936 年在沪认识。1937 年秋，由邹韬奋先生介绍，吴伯伯经南京、西安到达兰州八路军办事处，在谢觉哉同志直接指导下进行抗日救亡工作，主编《战号》周刊。吴伯伯在甘肃榆中、兰州时，就住在王家，并与王家兄弟姐妹同演宣传抗日的广场剧《放下你的鞭子》，这是陈鲤庭的作品。

1981 年 5 月 25 日王德芬给我的一封信中，说到一件趣事：吴伯伯在剧中扮演青年工人，站在舞台下，好似一个普通的观众在看戏；当台上的父亲鞭抽女儿时，他大吼道："放下你的鞭子！"由于他是广东人，又说官话，兰州人听不懂，有一次差点被值勤兵逮走。

吴伯伯为我的萧红纪念卡题词：

萧红一生的遭遇坎坷不平，有许多不幸。但她敢于面对现实的精神是十分可贵的。我为萧红小照作像赞

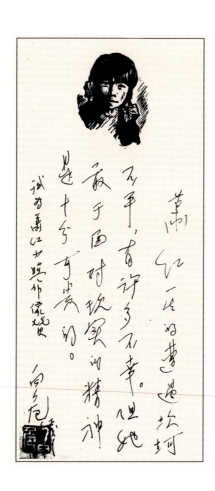

萧红一生所遭遇坎坷
不平，有许多不幸，但她
敢于面对现实的精神
是十分可贵的。

试为萧红女士塑作像赞
白危

田　间

田间是谁？是被誉为"时代鼓手"的诗人。写过很多诗，出过诗集《中国牧歌》《给战斗者》《抗战诗抄》《田间短诗选》《赶车传》（第一部）等。

小时候，在父亲丁景唐书橱里看见一本《中国牧歌》，作者叫田间，觉得这个名字很富有诗意，走在农村的田埂上，呼吸着带有泥土味的新鲜空气，望着四处广阔的田野，迎着太阳，多么浪漫啊！当时对于他的身世，一点都不了解，随着年龄的增长，看的书多了，才慢慢知道一些事。

田间生于 1916 年，1985 年去世。1934 年十八岁时，加入左联，1938 年初参加由丁玲领导的八路军西北战地服务团。抗日战争和解放战争时期，历任晋察冀边区参议员，雁北地委宣传部长、秘书长，察哈尔省文联主任。新中国成立后历任中国作协党组成员、《诗刊》编委、全国文联研究会主任、河北省文据田间的邻居李立丛的回忆，当时他与田间住在石家庄北马路 19 号，那里曾经是河北省文联的所在地，一个不大的小院里有五排平房，办公室和宿舍都在这儿。田间的生活很有规律，几乎没有社交活动，每天早晨到食堂买一盆粥，早上喝一半，晚上喝一半，中午到食堂吃。他有一个习惯，每天将喝剩下的茶叶留下来，第二天早晨煮一煮，将它喝下肚，不知道是属于养生的哪一种。

《河北文艺》诗歌组组长王洪涛说："田间人真是太好了，就是不明白那些俗气的人情世故。"那时田间担任《河北文艺》主编，一些同事经常在会上与他吵闹。有一次，他茫然而天真地问李立丛："小李，他们怎么总是和我吵？"田间先生是一位单纯、善良、性格独特的人，平日里话不多，基本上就是没话，每天晚上都写诗到很晚。因此，那几年，田间几乎隔不了多长时间就出一部诗集。

2016 年 12 月 8 日，中国作协在中国现代文学馆举行田间百年诞辰纪念座谈会。第二天在《文艺报》头版刊出一文，标题为《他的诗句永远留在中国人记忆中——田间百年诞辰纪念座谈会在京举行》。正如他自己所言："我是人民的儿子，永远为人民而歌。"

我今天为什么写这篇文章呢？因为他与萧红有一段友情。

1982年我想请田间先生为萧红纪念卡题词，可是我不认识田间，请父亲丁景唐帮忙。田间夫人叫葛文，弟弟叫葛杰，他在上海古籍出版社工作，与父亲相识。于是父亲请葛杰将萧红纪念卡寄给田间。

1982年12月，我拿到葛杰先生交给父亲的萧红纪念卡，只见上面写：

肖（萧）红（1937年我们曾一起由武汉去临汾）

1937年底，阎锡山派专人到汉口邀请李公朴去山西主持民族革命大学，他自任校长，请李公朴担任副校长，全面管理民大教政。李公朴是著名的"抗日七君子"之一，在民众中有很

高的威望。他生性豪爽，而且正想对抗战教育做个实验。于是他就各处奔走，为民族革命大学拟就创立纲领，并约同许多知名人士，如：何思敬、陈唯实、施复亮、贺绿汀等。

1938 年 1 月 27 日，萧红应李公朴之邀，与萧军、聂绀弩、艾青、端木蕻良、孔罗荪、田间等同坐一辆开往北方的兵车，前往山西临汾。

冬天冷，北国的冬天更冷，但这群青年人的心是火热的，渴望着祖国之春快来到。后来诗人艾青在题为《春》中写道："人间：春从何处来？我说：来自郊外的墓窟。"臧克家写一首《兵车向前方开》："耕破黑夜，又驰去白日，赴敌千里外，挟一天风沙，兵车向前开。兵车向前开，炮口在笑，壮士在高歌，风萧萧，鬓影在风里飘。"这些诗写出了他们当时的心情。

萧红在车上与人激烈地争论着诗。萧红说这个人年轻，朝气蓬勃，看来更有前途，她喜欢这样的诗人。另一个说他喜欢那个人，虽然有点抑郁，但比较成熟。萧红坚持自己的观点，不同意那些简单的论断。田间看见萧红争得"脸色有些发红，音调高昂，几次重复她的话"。他"对萧红的印象，平常也是如此，看来体格有些虚弱，性格却很坦率、豪爽"。（田间：《田间自述》，载 1984 年 11 月 22 日《新文学史料》1984 年第 4 期）

对文学的热爱，对生活的理解，对未来的追求，使萧红和田间找到了共鸣点，立刻成为好朋友，并结下了真挚的友情。

1938 年 2 月 6 日萧红、田间一行人终于到达临汾，萧红、萧军和田间在西安拍了好几张照片，可惜在战场上、炮火中弄丢了。

1962 年田间与茅盾、夏衍等一起参加亚非作家会议，路经香港，到浅水湾去拜祭萧红，并写了两首《萧红墓畔札记》，一首是《海花与激情》(寄海外之一)。诗如下：

此时海上波情万状，
如火如雪似织似纺。
海阔天扬云下沧桑，
不尽之浪海鸥翱翔。
欲飞欲停欲停又上，
海长天长你向何方？
不跨千尺也渡一丈，
与海同语与天共唱。
往事在怀朋友欲望，
问你何在问你何往？
亚非正紧战士正狂，
风云高歌何以相忘。

生死场上雄音今何在，

莫非是那海花与激浪？

另一首是《是雪？是虹？》(寄海外之二)，寄托着作者对萧红的深深怀念。这两首诗后收入香港三联书店成立三周年的纪念集里。

在田间百年诞辰纪念座谈会上，田间夫人葛文代表家属发言。她说，田间是一生忠于党的诗人，他不仅出色完成了党交给他的任务，而且还主动承担起党没有具体安排的一些任务，深入基层搜集素材，为人民而歌。而他之所以能够如此，是因为他的心里始终装着党、装着人民，始终牢记一个共产党员的使命和责任。

冯和法

　　在我收集的萧红纪念卡中，有一张是 1983 年 2 月 16 日冯和法先生题词的。他是农业经济学家，与文学不太搭界，那我怎么会找到他的呢？且听我慢慢说来。

　　20 世纪 80 年代初的一天，我碰到上海华东师范学院的陈子善老师，闲聊中，知道我正在找与萧红有交往的朋友，他说他知道有一个。我问："谁？"陈老师答："冯和法。"

　　我觉得这个名字很陌生，便摇摇头，说："不认识。"陈老师说："你当然不认识，他不是文学圈的人。"

　　原来陈子善的父亲陈新民与冯和法是老朋友。

　　他父亲是属于新字辈的，陈子善是属于慰字辈的，但并不叫陈慰某，那是怎么一回事呢？ 1948 年他出生时，父亲有个朋友来访，便请其为他儿子取名，朋友随口念了一句黄庭坚的诗："陈家有子善。"于是陈子善就成了他的大名，后来他成为博士生导师、教授，桃李满天下。

陈新民先生是从事正广和技术设备工作的，有许多朋友，可是从来不清楚他们的业余时间在干什么。如九叶派诗人王辛笛先生，新中国成立后，历任上海工业局办公室主任、烟草及食品工业公司副经理及顾问、上海梅林正广和（集团）有限公司顾问，与陈新民有业务联系，陈新民一直不知他是赫赫有名的大诗人，到"文化大革命"后，方才知道。

1970 年末到 1980 年初，陈子善到北京的人民文学出版社去参加注释鲁迅全集的工作，同去的有包子衍、王锡荣、王自立等人，后来都成为专家学者。他临去北京之前，父亲告诉他，有空就去看望冯和法伯伯。

人民文学出版社在朝内大街 166 号，离冯和法家不远，坐车只有一两站路，冯家住在东四大街 50 号，华侨饭店隔壁的高知大楼里。陈老师每次去，两人就一起喝龙井茶、咖啡，闲聊，有时留下来吃饭。他们俩肯定聊到萧红，因为冯和法先生于 1983 年 1 月写给陈子善的信中说："接到你和小丁同志的来信，嘱写关于萧红的见闻，一是我所知不多，都已对你说了。"可惜的是年代已久，陈老师记不起来了。

冯和法先生于 1910 年生在上海，1927 年入上海国立劳动大学，1931 年春毕业。劳动大学成立于 1927 年 9 月 19 日，学生工作四小时，读书四小时，为半工半读性质的学校，校址在江湾。1927 年 10 月 25 日鲁迅到劳动大学去演讲，不知道冯和法当时是否去听了。

1939 年冯和法在香港富华公司任职，年底，在大时代书局当编辑，大时代书局是孙寒冰创办，他也在此期间认识了萧红。

孙寒冰先生早年赴美国华盛顿大学留学，获硕士学位后，又入哈佛大学进修。回国后，任复旦大学教务长兼法学院院长。1940 年 5 月 27 日，日机轰炸重庆时，和复旦大学六名师生不幸遇难。

冯和法很早就认识孙寒冰了。1931 年孙寒冰任总编辑的黎明书局刚开张，冯和法从商检局下班后，就到南成都路大德里的黎明书局帮忙校对稿子，每天工作到深夜十一二点。那时经费不宽余，每晚经理仅给他买一份蛋炒饭，但他仍然非常尽心地工作，直到后来书局开始盈利，他才开始有报酬。

1939 年端木蕻良比萧红先到重庆，当时的教务长孙寒冰请他到复旦大学去开两节课，同时与贾开基一起编《文摘》副刊。孙寒冰曾帮助萧红夫妇找到住处。

　　1940 年年初，孙寒冰在香港，希望萧红夫妇去香港编大时代文艺丛书；周鲸文邀请他们俩办《时代批评》。1940 年 1 月 19 日萧红与端木蕻良飞抵香港。原先住在九龙金巴利道纳士佛台，不久，孙寒冰告诉萧红夫妇，大时代书局隔壁已腾出房子，希望他们能搬过去，对编大时代文艺丛书方便许多，于是他们就搬过去住了，在同一条街上的三号，二楼一间不到二十平方米的房间，对面是《经济杂志》办公室。

　　应该说，孙寒冰是冯和法认识萧红的介绍人，他们或在一起讨论工作，或一起到海边去玩……怪不得冯和法先生在 1983 年 2 月 16 日的萧红纪念卡上写：

香岛海湾　鱼跃浪翻
佳作传世　芳名长在
在香港浅水湾，曾观肖（萧）红同志游泳。

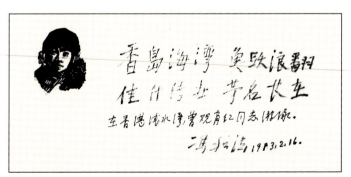

　　冯和法先生于 1993 年 2 月 24 日在北京去世，享年八十三岁。

叶露茜

2017 年 4 月 23 日中午，我正在吃饭，忽听有人喊，我赶紧下楼去，原来是师姐桂未明，只见她骑着自行车，看见我，立即递上一本书，我打开一看，是她母亲叶露茜的百年纪念集——《绽开的玫瑰——叶露茜风雨百年》，封面非常漂亮，叶老师坐在藤椅上，双手优雅地搭在椅上，上身着黑毛衣，下身穿蓝灰色西装裤，烫过的头发往后一扎，迎着阳光灿烂微笑，背景是玫瑰花瓣……

看着叶老师端庄、秀丽的照片，使我想起在上海戏剧学院读书时的事。1964 年我考入上戏，有一天，同学指着一个中年妇女，对我说："哎，那是桂未明的妈妈，叫叶露茜。"

我知道他们班上有好几个文化人的子女，巴金的女儿、许杰的女儿等，桂未明的父亲是杜宣，那叶老师就是杜宣的夫人。早就听说叶老师是 20 世纪 30 年代的知名演员，现在虽然有点年纪，但是很有气质，能看出以前的风韵，特别是她的声音，一点儿也没有变，仍然是又脆又亮，就像少女的声音。叶老师自 1961 年 10 月起，担任上海戏剧学院导演系党总支副书记兼办公室主任。

我只看过叶老师演过一个戏，那就是杜宣在 20 世纪 90 年代创作的《梦迢迢》，她在戏里扮演保姆阿娟。她那好听的声音似乎与她的年龄不相符合。

当时，叶老师动过大手术，身体不太好，但为什么还上台演出呢？原来，她与杜老相濡以沫生活了几十年，除了养育子女和从事组织分配的革命工作外，两位艺术家从来没有在艺术领域里合作过，因此她希望在暮年能和杜老有一次演艺事业上的合作，填补人生中的缺憾。于是杜老就创造了这样一个人物，满足叶老师的希冀。

叶老师是位老演员了，可她还是像当年一样，在排练场永远是那么认真严谨，一丝不苟地准备着自己的角色，默默地背台词，领悟导演欧阳山尊的意图，不时地与其他演员探讨人物关系和舞台行为。那时舞台上没有麦克风及"小蜜蜂"等扩音设备，叶老师怕自己的嗓音达不到舞台上所需要的效果，她硬是一遍遍地练台词，终于满意地走上了舞台。每次叶老师出现在舞台上，观众厅里就响起了热烈掌声，这是对她的认可、肯定和赞赏。

1917 年 4 月 13 日叶老师生在上海，祖籍是广东南雄。1923 年 9 月，六岁就读于北京 34 小学，后随父亲到哈尔滨，1926 年九岁入哈尔滨三育教会学校，直至毕业。1929 年 9 月，是哈尔滨东省特别区区立第一女子中学校初中生。

该校的校址现为哈尔滨第七中学，位于邮政街 135 号，以前叫从德女中，创办人是朱庆澜将军。学校设有董事会，首席校董事是傅义年，学校的各项经费开支均由校董会来筹措。从德女中的校名来自"三从四德"的伦理道德，当时有一首校歌："从德兮，松江滨，广厦宏开气象新，学子莘莘，先生谆谆……"

从德女中改为东省特别区区立第一女子中学校后，归哈尔滨教育厅管辖，学校的操场很大，分球场、田径运动场，设有秋千架、爬竹竿架及荡船等运动器械，冬天给操场泼上水，就成了天然的滑冰场。"九一八"事变后，操场的一半成了日本人的遛马场。操场四周环绕着高高的白杨树，很美。学生中有走读生，也有寄宿生，所以学校里备有二百人的床位，供这些寄宿生使用。我不知道叶老师是走读生，还是寄宿生？打电话给桂未明，回说：根据她的推测，是个寄宿生，因为叶老师经常参加体育训练，没时间天天回家。食堂和风雨操场都设有地下室。学校的师资力量比较强，校长孔焕书毕业于吉林省立女子师范，体育老师黄树芳毕业于上海两江女子体专，美术老师高仰山（高昆）毕业于上海美专，历史老师毕业于北京大学……

学校的体育活动搞得特别好，成立女子篮球队，叶老师曾任篮球队的队长，带队参加全省女篮比赛。1932 年 12 月，叶老师毕业。

萧红在 1927 年考入哈尔滨东省特别区区立第一女子中学校，这样算来，叶老师与萧红是同学。我知道这个情况后，在 20 世纪 80 年代将萧红纪念卡交给桂未明，请她母亲为纪念卡题词。1982 年 12 月，叶老师写了这样几句话：

肖（萧）红同志是我中学时代在东特第一女中的同学，她写作的成就，为母校争光，更为祖国文坛增添异彩，她是杰出的女文学家！

叶老师从 20 世纪 80 年代起，在党的领导下，从事戏剧工作，足迹遍布上海、武汉、重庆、新疆、兰州、昆明等地，为推动戏剧事业发展作出很大贡献，曾参加演出《娜拉》《钦差大臣》《大雷雨》《武则天》等。

1934 年春，叶老师和金山、王为一参加"剧联"演出，剧目是董每戡创作的《奇迹》，在后台第一次见到前来祝贺演出成功的赵丹，这年叶老师十七岁，正是青春年华时。两人一见钟

萧红纪念卡

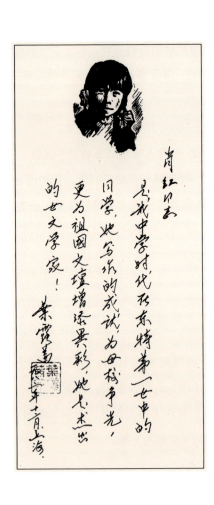

青红小友

是我中学时代私东特第一七中的同学，她写作的成就，为母校争光，更为祖国文坛增添异彩，她是杰出的世文学家！

柴霞飞
年十青上海．

情，从相识到相恋。1936 年 4 月 26 日上午 8 时 30 分，他们两

个与另外两对恋人——蓝苹和唐纳、杜小娟和顾而已，乘坐沪

杭线抵达杭州钱塘江畔六和塔下，举行集体婚礼，取"六和"
之谐音。可惜，这三对新人后来都没有和和美美地生活在一起。

1987 年 4 月 16 日我在《爱国报》上发表一文——《六和
婚礼曲》，内中写道：电影界和音乐界知名人士孙师毅署名施
谊为他们作歌词，吕骥谱曲，即兴创作了一首歌，歌名为《六
和塔婚礼曲》，共有两段唱词：

> 偎情郎，伴新娘，
>
> 六和塔下影成双；
>
> 决胜在情场，
>
> 莫忘胡虏到长江；
>
> 喝喜酒，闹洞房，
>
> 五月潮高势正扬；
>
> 共起赴沙场，
>
> 同拯中华复沈阳！

歌中充满作者对这些影星的期望，希望他们在品尝蜜月甜
美的同时，不忘祖国的前途、民族的命运，奋起抗日。这首歌
问世不久，即收入 1936 年 7 月读书生活出版社出版的《中国呼
声集》中，由李公朴主选，孙师毅校订，周巍峙编。编者在《六

叶露茜

和塔婚礼曲》后边，特别注明道："最近电影界有三对新人联合在杭举行婚礼，这首歌就是祝贺他们的。我因为它在喜乐中不忘国难，所以也把它录在这里了。"

这场婚礼的介绍人是郑君里和李清，证婚人是沈钧儒，摄影是马水华，陪同的有电影界好友王为一、徐韬等。为了表示祝贺，沈钧儒当场作诗道：

人生何处是仙乡，
嘉偶良朋一举觞。
到此应无凡鸟想，
湖山有福住鸳鸯。

塔影湖声共证盟，
英雄儿女此时情。
愿书片语为君祝，
山样同坚海样深。

1937 年全面抗战爆发后，上海话剧救亡协会于 8 月 20 日在卡尔登大戏院（后改为长江剧场）召开大会，成立十二个抗敌演剧队，叶老师和赵丹参加三队，沿京沪线北上，一路演抗日爱国剧目。1939 年大概八九月到新疆，赵丹不幸被盛世才逮捕，叶老师多方营救，都无济于事。1942 年 12 月下旬，盛世才的妻子代表盛世才找叶露茜谈话，通知她赵丹已死在监狱，她必须限时离开新疆。第二天一早，盛世才派全身武装的士兵押送她离开，同行的有俞佩珊等人。

后在周恩来和朋友们的帮助下，1943年3月叶老师到了重庆，仍然积极参加抗日救亡运动。这时，她认识了杜宣。当时，杜宣正准备去延安，住在同学家里，叶老师经常去看杜宣，晚上，杜宣就送叶老师回去。

1944年3月，叶老师与杜宣一起去昆明，4月1日是愚人节，经周恩来批准，两人在昆明金碧路一家广东餐馆结婚，这天，来客只有章泯和白璐。他俩的新房在翠湖东街9号一间小屋，在此开始新生活。

谁知，赵丹还活着，于1945年5月10日离开新疆到重庆，赶到昆明，恳求叶露茜与他复合，叶表示自己已经破坏了一个家庭，不能再破坏第二个家庭，赵丹在理解和失望中离去。

我在上戏读书时，听说夏衍创作的《上海屋檐下》，是根据叶与赵的情况而写，事实不是这样的。《上海屋檐下》创作于1937年，那时叶老师准备扮演戏中的赵师母，后因淞沪会战爆发，该剧未能公演。这个剧目是根据宋之的、刘莉影、魏鹤龄的真实故事而创作的。宋被捕后，请魏照顾刘，当宋出来后，发现刘与魏生活在一起，不过刘最后还是回到宋身边。

人们也许知道叶老师在戏剧电影上的辉煌，可能不知道她还是一位战斗在隐秘战线的勇士。

那时，蒋介石不顾全国人民反对，悍然发动内战，许多爱国的民主人士纷纷来到香港，香港成为解放区沟通海外的桥头堡。叶老师在中共港澳特委的领导下，筹建了港九妇女联谊会，并担任主席，为团结港九上层人士家属，做了许多实际工作。每天起早贪黑，不知休息，有时饭也忘了吃。

1946年2月，叶老师由潘汉年和杜宣介绍，在香港加入中共地下党，一年后转正。1948年冬，她担任党的沪港交通员，负责潘汉年和上海地下党书记刘晓之间的联系。为了替刘晓在上海安排一个掩护点，叶老师先期带了两个孩子桂未明和桂未殊，乘坐尼罗号邮船离港赴沪。

关于叶老师从事这些秘密工作的情况，从来没有对家属透露过只字片语，桂未明曾问过舅舅叶小铿，他是叶老师最小的弟弟。他只记得，那时是张胖子接她的，其他就什么也不知道了。

萧红去世后，埋葬在香港浅水湾。1946年6月1日，是萧红诞生三十五周年纪念日，叶老师不忘老同学，与杜宣到浅水湾为萧红扫墓，同去的在港文化人有：黄新波、陆地、廖冰兄、陈宝、胡明树、萧野、陆无涯、陈芦迪、陈雨田和梁永泰夫妇，他们中有画家、作家。

1992年1月25日，叶老师因病不幸去世，杜宣在《忆露茜》中写道："万里西风，五更残月，两行清泪，不尽相思！"她永远活在他心中，也永远活在我们的心中！

陈 涓

1991 年 8 月 28 日我收到上海电影制片厂寄来的信，信封上写着陈涓同志治丧委员会，我心中一惊，忙打开看，那上面写："中国电影协会会员，上海电影译制厂翻译陈涓同志，因病医治无效，于 1991 年 8 月 24 日凌晨三点不幸去世，享年七十四岁。陈涓同志长期从事译制片翻译，并作出了重大贡献。她的去世，是我国译制片事业的一大损失。"

与此同时，陈涓阿姨的孩子袁春定也寄来了信，告知此事。1991 年 9 月 5 日《上影信息》发了消息《陈涓同志逝世》。陈涓阿姨四十年来翻译了几十部外国影片，有我们小时候最爱看的《小英雄》，有家喻户晓的《牛虻》《第四十一》《列宁在1918》等，特别是《列宁在 1918》里面的台词，至今人们还会脱口而出："面包会有的，牛奶会有的。"

改革开放后我开始研究萧红，在朋友的介绍下，我于 1980

年 1 月 10 日到巨鹿路去采访陈涓阿姨，就此结下了友谊。此刻望着信，思绪不停地延伸……

1933 年下半年的一天，一艘客轮从上海出发抵达大连码头，在旅客中有一位十七八岁的姑娘，下了轮船不久，又踏上一列北去的火车。她那双灵活的大眼睛里充满着稚气和坦率的目光，身材适中。这位姑娘虽是头次独身离开上海出远门，心中却一点也不着慌，因为她想到不久就可以到达哈尔滨，看到多年不见的哥哥，心中充满了喜悦。火车长鸣一声，徐徐开出火车站，向北方飞驶而去。这姑娘是谁？就是后来成为著名翻译家的陈涓。

1931 年 9 月 18 日，日寇进攻沈阳，制造"九一八"事变。中国共产党首先主张武装抵抗，蒋介石却发出不抵抗的命令，事变次日，乞求"国联"来华调停，致使东北沦陷。在这种情况下，陈涓来到国际都市，人称亚洲的"小巴黎"——哈尔滨。

陈涓的哥哥叫陈时英，在哈尔滨邮政管理局当职员。陈涓到哈尔滨时，他正好出差，不在哈市，由堂哥照顾她。大约是陈涓到哈尔滨半个月后的一天，和堂哥的一位朋友老王上街，来到同发隆商店，这是一家百货商店，同时也卖书。陈涓无意中发现一本题为《跋涉》的小说散文集，作者署名:三郎、悄吟。"三郎"的名字引起她的好奇，还以为是日本人。同行的老王说这是个中国人，还是他的朋友。陈涓因刚到哈尔滨，一切都很生疏，想买点书看看，了解和熟悉当地的人情世故。但老王劝她别买，可以把那位朋友介绍给她，同时可以向他讨书。

老王很守信用，说到做到，没过几天，就带着陈涓到商市街 25 号，看萧红和萧军去了。

这天，陈涓和平时一样，既不涂口红也不抹粉，只是随意地在头上扎一条红绸带，身上穿一件葡萄灰色缀着黄花的袍子。这种天然去雕饰的自然美，更显出她的青春活泼。

两萧家到了，老王上前叩门，来开门的是萧红。"这是陈小姐，这是悄吟先生。"老王给她们互相介绍着。陈涓走上一步，客气地说："悄吟先生，我是来看您的。"萧红有礼貌地点点头，但她的注意力被那红绸带拉过去了，随口说："进来吧。"

其实，萧红一开门，见到陈涓，就知道她是谁了，因为两天前，萧军去学开汽车回来第一句话就说："新认识一个朋友，她从上海来，是中学生，过两天还要到家里来。"萧红听了，不置可否。

"三郎呢？"老王四下打量，没看到萧军，便问萧红。

"溜冰去了，一会儿就回来。"萧红一边回答老王，一边不动声色地慢慢观察陈涓。

"我到此地四十天了！我的北方话还说不好，大概听得懂吧！老王是我到此地才认识的。"接着陈涓又讲她怎样碰到萧军的。"那天巧得很，我看报上为着戏剧在开着笔战，那署名郎华的，我同情他……我同朋友们说，这位郎华先生是谁？论文作得很好。因为老王的介绍，上次，见到郎华……"萧红听着点点头，也不知道她听进了没有。说实话，说她在听，不如说她在看。

萧红心里在对陈涓评头品足：她很漂亮，很素净，脸上不涂粉，头发没有卷起来，只是扎了根红绸带，这更显得特别风味，又美又净，只是这件袍子自己看着倒不是很美，但也无损于整体美。

日近黄昏的时候，萧军肩上背着冰鞋回来了，看到两位客人，非常高兴，邀他们留下来吃晚饭。饭后萧军拿出几本《跋涉》送给陈涓。陈涓高兴得像个小孩，满脸的喜色，她感到萧红和萧军对她很亲切、很真诚，觉得幸福极了。从这以后陈涓就开始和两萧来往了。

萧军做梦也没有想到，一本《跋涉》会引出另外一段情，同时伤害了两个女人：一个是萧红，另一个是天真无邪的陈涓。

萧红承认陈涓是美人，心中却别有一番滋味，是欣赏？是嫉妒？是危险？她发觉陈涓和萧军一天比一天熟，熟得好像比与她还熟，萧红开始不安起来。

陈涓是那么年轻，年轻得还未满十八岁，正处于对世界充满幻想，十六岁花季的年华。她不懂一个成熟女人复杂的感情，更不懂敏感型女人的苦闷，她的生活充满灿烂的阳光、美丽的鲜花、欢乐的笑声。她把萧红当作亲姐姐，把萧军当作大哥哥，觉得和两位作家在一起，能学到好多东西。因此，她常常到萧家去，和他们一起溜冰玩耍，饿了，就留在萧家吃饭。直到有一天，房东警告她："你不要和他再亲近，有人妒忌你呢！"陈涓才大吃一惊。

陈涓回想和他们在一起的时候，萧红总是提不起劲来，那目光有点儿特别，好像在掩饰着什么，当时没注意，也没往心里去。现在想想，是那么一回事：她嫌弃自己，她对自己感到不耐烦，她讨厌自己。陈涓心里很难过，也觉得很委屈。心想：我待人忠诚坦白，别人为什么不坦诚相见呢？人与人之间怎么会有那样可怕的隔膜？她想不通，恨不得立刻就离开这儿。

她真的要走了，走之前的两天傍晚，陈涓到萧家去告别。

家里只有萧红和舒群坐在窗前说话，萧军不在家。萧红看到陈涓来，淡淡地招待了她。陈涓说明来意后就走了。第二天早晨，陈涓又去萧家，这回男的在家，女的大概出去买菜了。陈涓对萧军说："昨晚我来，你没在。"

"我知道，你要回上海了。"

"是的。"

两人说话的当儿，听得外面门响，忽然，萧军急急忙忙地塞给陈涓一封信。陈涓虽然不知道信的内容，但看到萧军的神情，她觉得这封信是不能让萧红看到的，就慌忙把它放进手提包里。来得早，不如来得巧，就在这时，萧红进来，给她撞见了。陈涓的脸涨得通红，萧红却装作没看见。陈涓讪讪着告别走了。

陈涓一回到家，就迫不及待地拆开信，好奇地想知道萧军写些啥。她先取出一张信纸，接着又倒出一朵枯萎的玫瑰花。姑娘一怔，急忙看那封信，信里没有任何出格的话，只是勉励她努力上进。

玫瑰花是情人节的礼品，萧军送花意味着什么？是兄妹之间的友情？还是异性之间的恋情？陈涓再怎么笨，这弦外之音也会明白一二。姑娘为自己天生活泼的性格难受，为自己坦率待人感到后悔，一声普通的笑，一句随意的话，竟使对方以为其中有什么特殊的含义，这可是天大的误会。姑娘感到害怕，她要去和他们解释。

当天下午 5 时，陈涓请某君一同去商市街。到了萧家，陈涓用俄语对两萧说："这是我的爱人。"萧军惊愕，萧红漠然。不知谁出去买了几瓶伏特加酒，席间，他们不知是在品酒还是在品人的感觉，都在心中默默地和对方说话。

萧军：我知道你为什么要离开哈尔滨，你是要逃避我。

陈涓：你别用那样的眼光看着我，恋情是恋情，友情是友情，请你别误会我。

萧红：你比我小六岁，但看上去比我小十岁。你年轻、漂亮、活泼、可爱，如果我是男人，我也会喜欢你。但你不懂得我，我爱他，他是我的太阳、我的欢乐、我的一切。

陈涓：你不要恨我，我不是那样的坏人，你们是作家，是我尊敬的人，我没有别的想法，只是想从你们身上学点东西。

萧军：你能抬起头来看着我吗？

陈涓：不，希望你能杜绝你的感情，帮助我解除她的疑虑。

萧红：有我做障碍，你没法把要诉说的"愁"诉说给他，是吗？

陈涓：我知道你因为他的缘故，不得不理解，你心里很苦，请你相信我，我真的不是一个坏人。

萧军大口地喝，萧红小口地喝，陈涓其实不会喝酒，但她喝了一杯又一杯，不一会儿，酒瓶底朝天。虽然是苦酒难尝泪难收，可是要强的姑娘拼命忍住泪，回家了。

陈涓回家不久，萧军来了，见满屋子为姑娘饯行的人，陈涓这时已喝得有点站立不稳，抬眼看见萧军，就说："我到小铺去买酒，我们走吧。"萧军跟她走出大门。

塞北的夜是那么黑，塞北的风是那么冷，此刻，姑娘的心比这夜还要黑、比这风还要冷。两人默默地走着，买完酒，萧军又默默地送她回家。在陈家大门口，萧军停住脚步，猛地吻了她一下，然后飞似地跑了，还没等姑娘缓过劲来，他已经消失在茫茫的黑暗中了。

那一晚，姑娘借着酒醉，大哭大闹了一场，直折腾得自己两手发麻、双眼发痛。那一个吻，是表示歉意？传达爱意？还是最后的告别？陈涓很想去问个明白，但已经不可能了。第二天，她踏上了南去的列车。一路上，她越想越委屈，越想越难受，又伤心地哭起来。

事情过去十年，1944 年 6 月在上海出版的《千秋》创刊号上，陈涓以"一狷"笔名给萧军写了一封公开信，题为《萧红死后——致某作家》。信的开头是这样写的：

你想不到我会给你去信吧？你更想不到我要给你写这封信已经具有七个年头的历史了吧？

我始终对你感到遗憾得很，也惆怅得很。为什么我们之间会有那样大的误会？虽然事隔多年，而"她"也听说早已与你分手，和某作家结合了。根据传说"她"因肺病而不久于人世了。照我们老人的说法，"冤仇宜解不易结"，似乎可以不必再向你清算什么倒报账了。不过实在我心里忧郁得很，多少年来环境的拂逆，使我的心几乎要窒息了。我不能忍受"她"的侮辱，也不愿你一辈子误解我。我总想详详细细地写一封信给你，把我们之间误会的冤结解开。虽然我也曾奢望地期待你的归来，向你剖白我的心——对于你们两位作家的心，是如何忠诚，如何单纯。但是岁月无情，人事不变，我又怎能预想那将来的一秒钟，有怎样的变化要发生？凭我这副多愁多病的身子，我那罗曼蒂克喜爱流浪的个性，恐怕等不到你的重返，已经离去了这个我所厌倦的人世。或许我这种愚笨的企图会引起你的嘲笑，但我却将得到心灵上的解放和平静。至少我已经说了我要说的话，他人如何感觉，这已非我所要问的了。

今夜我又失眠了，失眠在一个寂静凄清的病院里。唉，睡不着是多么痛苦的一件事呵！尽管我的眼睛闭得如何紧，我的四处思潮却汹涌得很，回忆的绳子把我拉回去了十年。

信的开头写得如此哀怨、深沉，但收信人当时已和王德芬结成伉俪，带着孩子在延安，也许不会看到，就是看到，又能怎么样呢？那是以前的事了。

萧红在《一个南方的姑娘》中写道："她终于带着'愁'回南方去了。"似乎萧红打了个大胜仗，其实不然。

萧红从出生第一天起，就受到不公正的待遇。她的生日明明是 1911 年 6 月 1 日，农历五月初五端午节，但大人认为端午节是忌日，不吉利，要错开它，说是五月初八生的，为了以后能荣华富贵，给她取名荣华，学名张乃莹，萧红是笔名。她不幸的童年、多事的少年、遭难的成年，使她敏感、多疑、脆弱。一个姑娘无意中闯入他们的家庭，女的从男子的眼光、神态、语调中，立刻感觉到他对新来的人有好感。其实，一个男人喜欢一个可爱的姑娘是无可非议的，问题是如何把握住感情的火候，绝对不能不负责地任其发展，伤害别人，也伤害自己。

碰到这种事情，妻子一般会有三种态度：漠然置之，听之任之；探其究竟，制造事端；坦诚相待，友好相处。第三种，萧红似乎做不到，她的态度是介于一二之间，很复杂。萧红是善良的，其本意是不愿伤害陈涓，更不肯伤害萧军。为了萧军，她不得不违心地和陈涓交往，但心中极不平衡。她几经磨难，那颗受伤的心，虚弱的身体，再也经不起新的打击，她不能没有萧军，她需要栖息的窝、需要避风港、需要男人粗壮的手臂支撑她的精神和生活。爱情是自私的，她有权利拥有爱人的一切，包括感情世界，她容不得任何一个女人的闯入。

如果说陈涓的出现，使萧红产生如此强烈的反应，那么，以后她和萧军在爱情生活中产生的种种波折，也就不足为奇了。这是女作家萧红作为女人情感的自然流露，这是真实的，可以理解。有一点，萧红似乎没弄清楚，婚姻和恋爱不一样，恋爱可以美丽得像天上的云彩，而婚姻呢，应该像大地一样包容一切，才能留住那片爱的云彩，当然，这样有时是很累的。

后来，陈涓又到哈尔滨，在哈尔滨口琴社学习，与口琴社社长袁亚成结婚。口琴社的成立，是德商孔士洋行为了推销口琴，出资聘请教员，每月付五十元薪水，其他概不过问，登记是由洋行代为申请。当时敌伪对文化系统控制很严格，中共地下党姜椿芳、金剑啸、任震英等同志敏感地意识到，应该好好利用这样一个合法的艺术团体开展工作，团结广大爱国青年，作为党的外围组织。然而关于这个情况，大多数队员是不知道的。

经过半年多的排练，1935 年初春，在美国电影院（后来改成东北影院）上演。演奏的形式很多，有独奏、二重奏、四重奏，还有大型的合奏。曲目有《平湖秋月》《小桃红》《茶花女》《梦幻曲》《卡门》等中外名曲。

最后一个节目是大合奏《战场月》，原来叫《沈阳月》，主题是表现在"九一八"的夜里，日寇向沈阳北大营进攻时，爱国官兵奋起抵抗，被蒋介石迫令撤退的事迹。为了避开日寇的检查，才改名的。

队员们的演出服，都很朴素，陈涓和姑娘们上身着青色西服，下着青色长裙；男队员穿的是青色西装，里面是白衬衫、戴着黑色领结。

演奏开始时吹着缓慢而低沉的旋律，随着众人的加入，声调逐渐提高，就好像一轮明月从东方冉冉升起。忽然，节奏起了变化，有时似疾风暴雨，有时似冷泉呜咽在幽谷低鸣，有时似壮士怒发在易水悲歌。

陈涓的丈夫袁亚成在台上用力挥舞着双臂左右指点，所有演奏员的脸色都满含着怒气，眼角闪烁着悲愤的泪花，大厅的上空充满了撼人心弦的旋律，观众寂静无声。音乐结束后，人们还沉浸在刚才的乐曲中，过了好一阵，场内突然爆发出雷鸣般的掌声。

为了维持生计，袁亚成、陈涓夫妇在太阳岛上开了一家桃园饭馆，男的招待客人，女的卖酒，倒很像司马相如和卓文君卖酒的经历。

演出的成功，加上电台的几次广播，口琴社博得哈尔滨人民的好感和尊敬，但是也引起日寇的警觉，无止尽的调查、跟踪、骚扰、迫害，步步紧逼。1936 年冬，传说敌人要在哈尔滨大逮捕，袁亚成已上了黑名单，陈涓和丈夫弃家去了上海。1937 年 4 月，敌人魔爪果然伸向音乐界，口琴社也在所难免，发生了震惊全市的口琴社事件。

1981 年 6 月 15 日至 18 日，在哈尔滨召开萧红诞辰七十周年学术讨论会，我收到邀请函后，立即动手准备论文。我想萧红在上海住过，应该写一篇与上海有关的文章。

萧红于 1934 年 11 月从青岛到上海，1937 年 10 月离沪去武汉，在这当中又曾两度离开上海去日本和北京。这样计算下来，萧红在上海只待过两年光景，住过好几个地方。弄清这些住处和当时有关情况，对我们研究萧红的生平和创作活动，显然是有一定帮助。

1935 年 6 月至 1936 年 3 月两萧住在萨坡赛路（现淡水路）190 号，二楼的后房。这个地方是唐豪律师事务所，唐豪是两萧的朋友。那时，陈涓住在萨坡赛路 16 号，1936 年二三月的时候，和妹妹一起到 190 号去看望过两萧。1981 年 5 月，我请陈涓带我去故地重游。

我想她肯定会同意的，因为 1980 年 1 月 10 日我就去采访过陈涓，写了一篇文章《萧红的朋友和同学——访陈涓和杨范同志》，发表后立即寄给陈涓阿姨。她来信中着实把我表扬了一通。信中说："信和附寄的东北文学史料收到，非常感谢。感到歉疚的我没有给你提供什么资料。幸而你的文笔多彩，使文章增色不少。看到你年轻有为才华横溢是很高兴的。望你多多出产文学作品！"（1981 年 2 月 12 日陈涓致丁言昭信）这篇文章似乎得到一些编辑的青睐，2017 年 5 月 19 日上海社会科学院文学研究所研究员潘颂德老师来信告知，2011 年 3 月北方文艺出版社出版一本《萧红研究七十周年》，收了我好几篇关于萧红的文章，其中就有这一篇，之前我一点儿也不知道，听到后我很高兴。

　　我和陈涓阿姨定约时间，碰面后再一起去寻找。事先我写信给陈涓阿姨，1981 年 5 月 19 日来信中说："信见，我曾于 1936 年二三月间携妹妹去过两萧家，那地方就是你说的淡水路，事隔近半世纪，不知号码有否变动。"接着又说："你如愿意去看看，后天（21 日）上午十时左右我去复兴中路重庆路口的 24 路车站等你（即公园对面），我将恭候到十时半。"后面又客气地说："你若有事不来无妨。只怕你无所收益。"我怎么可能不去呢，这是千载难逢的机会呀。那天我骑自行车准时赴约。

　　也许淡水路上的门牌号码更换过，我们在淡水路上走过来走过去，一时找不到这所房子。陈涓说她原来住的 16 号，现在改为 92 号，两个号码相差 76 档。根据这个线索，我把 190 加上 76，即 266 号，发现却是一条弄堂，不是街面房子。陈涓回忆说："这周围的几幢样式一样的老式外国洋房，有点像，但不能最后肯定。因为到底是四十五年前的事了。"后来我又采访了几位老人，被告知：中华人民共和国成立前，以金陵路为界，北边是英租界，当时就叫淡水路；南边是法租界，叫萨坡赛路。只要找到现在金陵西路以南的淡水路口的第一个门牌号码，就能推算出当年萨坡赛路 190 号是现在的几号了。我果真去跑了一次，结果还是 266 号。于是，我在那儿附近拍了照片，拿给萧军鉴定，但他也记不清了。

　　从此，我与陈涓阿姨来往愈加密切，不是我上她家，就是她来我家，有好几次，寄电影票给我。有时，刚刚收到，电影马上要开始了，根本来不及换衣服，就穿着睡衣，一双拖鞋，与婆婆两个人，啪嗒啪嗒地走五分钟路，到上海电影译制厂，进去坐下欣赏着美妙的电影。

1981 年 6 月，萧军、塞克、舒群、骆宾基等前辈都到哈尔滨参加纪念萧红诞辰七十周年学术讨论会，陈涓也去了，与萧军再次见面。我不知道他们说些什么，可我知道在这之前，萧军一家外出，请陈涓到北京，帮助看家。说明他们俩已解除误会，恢复交往。

1982 年我将萧红纪念卡给陈涓阿姨，她写后，发现有的写错了字，特地写信给我："觉得很过意不去，补正如上，在你有便的时候重拍一张，或干脆算了。"（1983 年 8 月 10 日陈涓致丁言昭信）那么珍贵的，怎么可能"算了"呢。

1983 年年底，陈涓阿姨为我的萧红纪念卡题词：

如同两只小舟，
我们漂泊在茫茫黑夜的人海上。
你的灯光，一度照亮过我；
然而括（刮）来一阵猜忌的风，
小舟各分东西了……
安息吧，悄吟！

如同两只小舟，
我们飘泊在茫茫黑夜的人海上。
你的灯光，一度照亮过我；
无奈括来一阵猜忌的风，
小舟各分东西了⋯⋯
忘怀吧，悄吟！

陈雪 1983画像于山鱼

沙梅、季峰巧遇萧红

　　1983 年 1 月初，我到离家不远的姚奔伯伯家去玩，一进门，看到靠窗坐着一位陌生的男士，姚伯伯马上为我们两人互相介绍，原来他是音乐家沙梅先生，当时好像是上海歌剧院的顾问。

　　后来我才知道，这位沙梅先生可了不起，20 世纪 30 年代毕业于北平大学音乐系，而后历任上海艺专、国立女子师院、国立湖北师范音乐教授及上海剧专歌剧系主任。1926 年参加共青团，1938 年加入中国共产党，20 世纪 30 年代参加左翼音乐活动。写了《赶走东洋兵》《少年先锋歌》，为电影《青年中国》《火的洗礼》《白云故乡》等创作了主题歌，这些歌在抗日战争中成为家喻户晓的救亡歌曲。特别是创作了可以与《黄河大合唱》相媲美的《嘉陵江船夫大合唱》。

　　1936 年初，上海青年礼堂举办沙梅个人作品音乐会，专门演唱了由他创作的十五首儿童歌曲，为一位作曲家举办个人作品音乐会，这在我国音乐史上还是第一次。1985 年 4 月，上海市文联、文化局等单位在上海音乐厅举办了"沙梅创作生活五十五周年作品音乐会"。

我到姚伯伯家去，是想了解萧红在重庆的一些事，说话间，沙梅说，他在歌乐山时，萧红是他们的邻居，这引起我极大的兴趣。1983 年 1 月 23 日上午我拜访沙梅和季峰夫妇。

季峰似乎是位很善于交谈的女士，我与她第一次见面，好像是很熟悉的朋友，大约沙梅回去已告知，我要来采访，所以装了一肚子话等待我的到来。

季峰是 1930 年入党的老党员，1938 年在武汉的公开身份是申新纱厂的厂校老师，实际上是搞工人运动的党员。她利用老师的身份，给学生传播共产主义思想，提高工人觉悟，激励群众的抗日爱国情绪。

1938 年 10 月，武汉失守的前几天，沙梅和季峰乘船离开武汉,同船的有几百个申新纱厂的工人。这是党组织活动的成果：工人和机器都撤退到四川去办新厂。船先开到宜昌、汉口，11 月到达重庆，利用国民党妇女指导委员会的关系，在江北找到房子，先把几百个工人和家属安顿好，重新建立申新纱厂。12 月底，沙梅夫妇抵达四川歌乐山，季峰在歌乐山保育院工作。

歌乐山保育院是国民党妇女指导委员会出钱成立，院长是曹孟君。她是中国妇女社会活动家，长期在南京、武汉、重庆、上海等地从事妇女、儿童、文化工作和民族解放运动。1925年丁玲在北京与曹孟君住在一起，那时曹孟君正与左恭谈恋爱，她经常带同室的女友到左恭与胡也频同住的公寓去玩，丁玲和胡也频也就相识了，所以曹孟君还是丁玲的红娘呢。1925年她考入北京大学，同年加入中国共产党。1933年和王昆仑等人组织秘密读书会，参加宋庆龄领导的反帝大盟，后成为王昆仑夫人。曾经主编《新民报》副刊《新妇女》。1939年接办沈兹九主办的《妇女生活》，被迫停刊后，又在重庆改出《现代妇女》，后迁往上海，一直受中共南方局妇委领导，主编为曹孟君，后为胡绣枫（关露妹妹）。南京沦陷后，曹孟君到武汉，与长江局妇委负责人邓颖超联系，在武汉筹建中国战时儿童保育院，到重庆办歌乐山保育院。

保育院的小朋友是汉口一带的流浪儿童，年龄大多在五至十岁。这样的保育院共有三个：歌乐山、泸州、北碚，歌乐山是第一保育院。院内的工作人员不少是中共党员。五十个教师管六七百个儿童。

歌乐山保育院在山坡上，当中有一条二三十级台阶的山路，两旁是一幢幢抗战式的平房，都是泥墙。沙梅和季峰住在山坡下面保育院的宿舍里，不远处是个菜市场。有一天，他们看到一位妇女挎着篮子，从山顶上的房子里走下来买菜，只见她穿着旧旗袍，外套背心，衣服不甚整洁，头发乱蓬蓬的，后边梳着个小髻鬐，衬着苍白的脸。后来一打听，才知道这位陌生人是萧红。

抗日战争爆发前，沙梅和季峰夫妇就看过萧红的成名之作《生死场》，这部被鲁迅誉为"力透纸背"的好作品，描写了受尽压迫剥削的中国人民，如何团结在抗日救国的旗帜下奋起斗争的故事。季峰读后印象很深，但除了知道作者是东北女作家，其他情况不甚了解。

在歌乐山巧遇萧红，季峰很想与这位女作家交谈，半是交友，半是好奇，但萧红似乎不愿多和人说话聊天。有时季峰和萧红在路上相遇，只是互相说些"吃过饭了吗？""你从哪里来？"之类打招呼的话。听照顾她的保姆说萧红很怪，平日里窗、帘通通关上，也不搭理人。端木蕻良当时在重庆编《文摘》，不住在山上，有时去看萧红，一般不走保育院的大道，而从旁边的小路上坡。

萧红并不是一个性格孤僻的人，她感情细腻、敏感，对亲人热情真挚、坦诚相待，爱说爱唱，但人生的磨难、生活的坎坷，使她觉得很累很累。特别是她进川的半年前，在西安与共同生活了六年的萧军分手后，和端木蕻良结伴到武汉，心中更有一番难言的苦衷。在武汉好不容易过了几个月的安定生活，恰逢武汉遭大轰炸，1938年9月萧红不得已离开武汉去重庆。当时她怀着萧军的孩子，行走不便，幸亏同行的有冯乃超夫人李声韵，不料途经湖北宜昌时，李声韵生病住院，萧红一人独行，在码头上不慎摔跤，昏昏然地茫然无助，后在一位船夫的帮助下，才勉强登上去重庆的船。

在萧红分娩前夕，端木蕻良把萧红送到江津白朗、罗烽夫妇家中，托他们的母亲照料。萧红在白朗家中住了两个多月，生下一个男孩，数日夭殇，时为1939年春。

旅途的疲劳，心境的恶劣，对于萧红当时的心情，白朗曾这样说："似乎有着不愿告人的隐痛在折磨着她的感情，不然，为什么连她的微笑也总使人感到一种忧郁的伪装呢？"萧红就是在这种情况下到歌乐山来的，保育院院长曹孟君借给她一间屋子，约有十四五平方米。

心灵的创伤，身体的虚弱，却没有使萧红停下手中的笔。她边休养边写作，陆陆续续写下了《牙粉医病法》《滑竿》《林小二》《长安寺》等作品，这几篇后来都收进1940年重庆大时代书局出版的《萧红散文》一书中。

临离开沙梅家时，我取出两张萧红纪念卡，请他们写点什么。

沙梅写：

　　一九三九年，我住在四川重庆歌乐山第一儿童保育院的时候，肖（萧）红也住在该院，那时她非常孤独，不能勤于写作，端木蕻良常去，我看只有他了。

季峰写：

一九三九年春我在歌乐山迁（遇）见过肖（萧）红

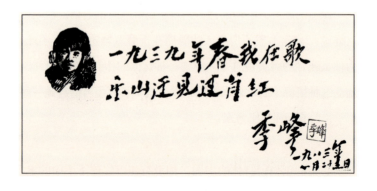

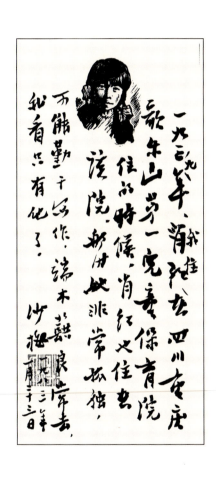

一九三九年、我陪珊去四川去席

敬朱山第一完妻保育院

住的时候、肖红又住在

该院、都使她非常孤独，

万能勤于写作，端木离良岸击

私看只有他了。

沙梅
廿三年
腊月十三日

吴似鸿

　　20 世纪 80 年代初，我写信给蒋光慈的夫人——吴似鸿，请她为萧红纪念卡题词，没过多久，卡寄来了，上边写着：

　　我与肖（萧）红没有讲过一句话，也无交往，但我见过她四次，一次在上海菜市场，二次在女作家黄白薇的家里，三次在香港商务印书馆门市部，四次在香港的医院中，我只见到她的一双大红拖鞋，她正蒙头睡觉。日本军占领香港时，我要回到祖国，跑到肖（萧）红坟前，默默地向她告别。

在纪念卡的后面，是她的签名，"吴似鸿　1983 年 1 月 6 日，于绍兴州山公社"。

我大约是 1 月 7 日收到信后，第二天即回信，吴似鸿于 3 月 6 日来信说："你于 1 月 8 日的来信，我早已收到。"接着说到她自己的近况。原来要进疗养院，可是没有床位，就在家里静养，现在春节过去了，想开始学习、工作。

她在信中说："天气暖和些，我想走动，旅游一趟。老在农村居住气闷！如有什么事联系，可仍寄绍兴州山公社，邮递员会转给我的。"

州山是吴似鸿的家乡，1907 年她出生在这里。这儿有一条不知姓名的河，依山而流淌，到了村口，突然拐弯，积一塘水，再往前，这就是唐家湾。

　　1979 年秋天，杭州《西湖》杂志薛家柱几位编辑同志听到蒋光慈夫人吴似鸿还健在，便去拜访她。他们从杭州乘火车到柯桥，打听了半天，才找到小山村，寻觅到这位被社会遗忘的人。她孤零零地住在靠山的一座破瓦房里。热水瓶里的开水、锅里的饭是几天前烧的……老人告诉客人，她烧一顿饭，要吃好几天，至于菜肴，只有绍兴梅干菜和腐乳。

　　可是年近古稀的吴似鸿对这些一点也不在乎，见到客人，高兴得嘴都合不拢，要知道，她从 1954 年志愿回到州山老家，二十多年来文艺界的人几乎没有踏进过她家门，她一直生活在那里，其中的困难境况非一般人所能够想象的。

　　我保存着一张小纸条，时间是 2003 年 6 月 16 日，忘了是父亲哪位朋友给我的，上面记载着吴似鸿两个儿子的姓名和工作单位。老大叫吴强，在重庆市歌剧团工作；老二叫吴坚，在绍兴县交通实业总公司工作。1979 年老大已经四十多岁，尚未成家，老二那时回乡插队，母亲为他烧饭，还要参加晒谷、种菜等劳动。

　　我收到萧红纪念卡后，影印一份送给"吴妈妈"，这个称呼是吴似鸿在上一封信里嘱咐我的。她于 1983 年 8 月 11 日给我来信中说：

来信及卡片均收到。

你把它影印出来，我看后，很觉难为情了，当时你叫我写，我也就随便地写了，如今见了卡片，字迹像苍蝇脚一样的难看，人家看了，必会笑我："吴老太婆的字真像幼儿班里的儿童写的一样！"这样的字印在光亮洁白的卡片上，不相称啊！不过我了解你，你所需要的是那几句的内容……

吴姓在唐家湾是个大族，吴似鸿出生在当地一个当铺的家庭。九岁那年，进了私塾，后来上小学、读师范。绍兴县立女子师范学校的前身是明道女学，是为纪念秋瑾而办的。北伐军进绍兴后，吴似鸿担任了绍兴妇女协进会会长和学生自治会主席。

1928年初夏，绍兴盛传国民党要抓革命分子，吴似鸿得知后逃往上海，在新华艺专国画系读书。课余时间，参加了由田汉领导的南国社，曾在《苏州夜话》《南归》《卡门》等剧中担任角色。

当时南国社里聚集了好多文化人，有郑君里、陈白尘、吴作人、金焰等。南国社的朋友都称她为"小猫"，因为她的脸圆圆的像猫，好可爱。那时候，吴似鸿由于生活困难，常常吃了上顿没下顿，在田汉的鼓励下，拿起笔，写文章，她的处女作是发表在《南国月刊》的《流浪少女的日记》。那时田汉看到吴似鸿在写日记，问是否可以给他看看。田汉看后，说："你的日记很好，我想把它修改一下，在《南国月刊》上发表，怎么样？"就这样，吴似鸿有了第一篇，又有了第二篇《毛姑娘》、第三篇《还乡记》……接着连续发在《新女性》《中华月报》《妇女生活》等刊物上，有《哭同学 C 同学》《私语》《两姐妹》……

1929 年冬天，蒋光慈从日本归国，田汉介绍吴似鸿认识了蒋光慈。他们两人第一次见面非常具有戏剧性。一次，吴似鸿像往常一样，到田汉家去玩，见田汉正在与一位客人聊天，田汉看到吴似鸿，便向客人介绍，客人不说话，低头在纸上写了些字，移到吴似鸿面前，问："密司吴，这书你看过没有？"那纸上写的都是书名，有《少年漂泊者》《鸭绿江上》《纪念碑》，吴似鸿脸一红，摇摇头，说："没有，我没有看过。"客人笑着对田汉说："老大，难怪我们这些人不行，连时常写文章的人都不看我们的书。"

那客人就是蒋光慈，1926 年中秋节前，与宋若瑜结婚，遗憾的是这对甜蜜的夫妇只共同生活了一个月，妻子就因肺病复发，匆匆地离开了人间。蒋光慈将两人的情书编辑成一本书，题为《纪念碑》。1927 年王映霞经郁达夫介绍，认识了正在痛苦中的蒋光慈，为他介绍自己的同学陈锡贤，可惜没有成功。蒋光慈那天在田汉家遇见吴似鸿，竟一见钟情。

1930 年初，他们同居了。1931 年 8 月 31 日蒋光慈去世。

蒋光慈去世之后，吴似鸿正式参加左翼美术家联盟。美联的书记黄日东，比吴似鸿低两届，小四岁。黄日东对吴似鸿展开大胆的追求，痛苦与孤寂中的吴似鸿接受了他的爱情。

两人的幸福并不长，担任美联总干事的于海让吴似鸿带一封信给黄日东，信中表示：他也爱吴似鸿。黄日东看后，勃然大怒，吴似鸿再怎样解释，他也不听，独自去了日本，不久，黄日东在日本因肺病突发，在医院猝然去世，年仅二十四岁。此时，吴似鸿已经怀孕三个月，1933 年 7 月 3 日吴似鸿在上海红十字医院生下一子，取名小鸿。在 1933 年 8 月 20 日《十日谈》上，有一文章《蒋光赤死后二年，夫人获一麟》中，吴似鸿祝福儿子："他将成为劳动阶级解放的志士，他将成为新兴中国建设的突击队员。"

1934 年 11 月，萧红离开青岛到沪，在拉都路（现襄阳南路）上住过三个地方，鲁迅说萧红和萧军搬来搬去搬不出拉都路。

萧红那时早上起来，不是买早点，就是买菜。那天她拿了个小菜篮去买菜，买了一块豆腐，想着再买一点什么，挤到另一个菜摊上去看看，她不承想，离她不远的地方，有一位女士正看着她，那就是吴似鸿。

吴似鸿看过她的《生死场》，觉得她的笔调峻峭，不像一般的女子写得那样充满柔和温情。听鲁迅说她比丁玲写得好，吴似鸿非常想见见她，可是没有机会。这天，吴似鸿与一位朋友出去，没想到，在拉都路上遇见萧红，萧红给她的印象是："身材瘦细而矮小，穿着一条男式的长裤子，上装是一件黑色的短外套，扁凹的脸型，梳着两根小辫子。"这是吴似鸿第一次见到萧红。

吴似鸿第二次见到萧红是在白薇家。

白薇生于 1894 年 2 月 5 日，比吴似鸿年长十三岁。白薇在20 世纪二三十年代的文学界已有名气，写过许多作品，其处女作是一部三幕剧《琳丽》，她认为"人生是为了爱而生的，人若离开了爱，即没有人生"。接下来她于 1926 年在鲁迅、郁达夫主编的《奔流》杂志上发表的社会悲剧《打出幽灵塔》。先后在各种杂志上发表了《访雯》《姨娘》《假洋人》《革命神的受难》《蔷薇酒》……长篇小说《悲剧生涯》《炸弹与征鸟》，长诗《春天之歌》，作品数不胜数。

1945 年抗日战争刚刚胜利，毛泽东到重庆与蒋介石谈判。在那里，毛泽东会见了多年不见的各界人士和朋友，其中就有白薇。毛泽东对她说："我经常记起你，丁玲和你是我们湖南的女作家。"邓颖超说过："白薇总算是一个不肯倒下去，而在长期挣扎中奋斗的女性，多年来也是在我们影响底下的一个朋友。"阿英评价她："在意识形态方面，在当今的女作家中，在反抗精神方面，白薇是最显著的一个。"

白薇在文学上非常有成就，可是身体糟糕得一塌糊涂。郁达夫夫人王映霞曾经告诉我，每次白薇来家后，郁达夫总叮嘱她将客人用过的茶具用开水煮一煮，王映霞很奇怪，不知为何。郁达夫说："她有毛病。"原来白薇患过许多毛病，如猩红热、肺炎、丹毒、伤寒、结核、胃炎等。几乎所有的毛病都得过，往往这个病刚好，那个病又来了。那时，稿费低，依靠稿费糊口，已经不容易，哪里有钱去看医生、买药呢。她一个人在家，没有家人，没有亲戚，无米下锅，等到有朋友偶尔来看望她，向她伸出援助之手，她才能吃上几顿饭。

那天，吴似鸿到白薇家去，看到萧红正站着，在与白薇说话。只见她穿了短裙子和短上衣，说话时，手也动着，脸上无笑容，"神情分着你我，与外界保持了相当的距离"。给吴似鸿的印象是"她有一股寒冷的气质"。她看到有人来，即告辞回去，白薇也没有向她介绍这是萧红。

看着萧红下楼的背影，白薇说："她很关心我，当我一个钱也没有的时候，她就送钱来给我用。"又说："多少人爱她啊！许多人都追求她，发疯似地追求她！"

"许多人？"是谁？吴似鸿知道她的爱人是萧军呀，还有谁？吴似鸿疑惑着，也不向白薇打听，是谁在追求萧红，她不感兴趣。

1941 年 5 月，上海沦陷后，吴似鸿到香港避难，生活无着落，暂时住在某公馆当家庭教师。一天，主人对她说："许地山老头子要你去看看他，他关心你呀！"吴似鸿从来没见过许地山先生，仅在报上读过他的小品文，觉得文字浑厚朴实，毫无虚浮之感。

许地山先生是五四新文学运动先驱者之一，1935 年举家迁往香港，担任香港大学文学院主任教授，创作过很多作品，代表作有《空山灵雨》《危巢坠简》等。那时，许地山想在乡村办个学校，有意请吴似鸿去主持，可是吴似鸿不懂英语，在香港是寸步难行，便没有去。没几天，许先生又介绍她去一家公司当文书。吴似鸿想：文书一定用文言文的，可是我不懂，怎么去做呢？这回又没成功。最后，吴似鸿自己找到了教书的工作。

有了工作，每天不必为吃饭而奔波，有了一点时间，吴似鸿看当地的报纸，在《星岛日报》上，读到萧红的《呼兰河传》，觉得与她以前的风格有点区别，可以说是完全不同了。这是回忆她儿时的生活，充满了趣味，笔调细腻，一看就知道是一位女作家的作品。萧红那时与端木蕻良在一起，可是茅盾在序中说她的心情是寂寞、孤独。吴似鸿不相信，既然有同伴，为什么还会感到寂寞呢？一次，吴似鸿在皇后大道的商务印书馆又见到萧红，她正安静地看书，脸色很温和，她的头发扎成辫子，盘在脑后，身上穿着浅色的西服，显得年轻又美丽，吴似鸿很喜欢这种打扮。萧红边上有一位男生陪着，也在看书，大概是端木蕻良，因为吴似鸿没有见过他，因此不确定是端木蕻良。

吴似鸿还看到萧红发表在报上的文章，觉得萧红的创作力怎么那么强，接二连三地写长篇小说。她知道那时候萧红正害着肺结核，身体不太好。

1941 年萧红在香港遇见史沫特莱，她劝萧红住玛丽医院，并为她接洽住院费折扣。萧红在医院里完成《小城三月》，并为《时代文学》作画。

这时，舞蹈家戴爱莲与萧红在同一家医院开刀。当吴似鸿去看望她时，她已动完手术，与平时一样，打扮得整整齐齐，坐在床上，吴似鸿看着与从前一样端庄漂亮的戴爱莲，戴对吴似鸿说："萧红在隔壁，你去看看她吗？"

吴似鸿来到萧红的病房，她似乎睡着了，床边放着一双大红皮拖鞋。那是个单人病房，靠花园，阳光从窗外射进来，毫不吝啬地布满整个房间，没有看到朋友来探望，吴似鸿总觉得这里缺少人间的温暖，充满着寂寞的气氛。她站在门口，迟疑着不想进去。虽然在白薇家见过一面，但是没有正式介绍，所以不算认识。如果两人相识，有了友情，那么吴似鸿一定会等她醒来，亲切地交谈，好好地安慰她一番。现在她们俩不过是一对生疏者，最终吴似鸿没有进去。

1942 年 1 月 22 日萧红去世，吴似鸿不知道，直到半年后，在街上遇到熟人，才知道。

吴似鸿无限感叹，因为萧红死得那么年轻，尚在少女时代，就在社会上奔波流浪，受尽种种磨难，当她在文坛上站住脚时，却与世长辞。如果她还活着，是否可以扫除寂寞，把胸中的郁闷驱散？萧红，你为什么不再顽强一点呢？你是太善良了，那时的社会，到处潜伏着毒素，没有抗毒素的能力，一天也不能生存下去。

吴似鸿虽然与萧红见过几面，却没有和她说过一句话，至今想来深以为憾。吴似鸿很想对她说："人间并不是完全没有心灵的同伴，温暖也并不是不可找到，你应该勇敢、顽强地活下去！"（吴似鸿：《萧红印象记》，载《西湖》1980 年 2 月号）

吴似鸿生于 1907 年，1990 年 4 月 26 日在家乡去世。

吴朗西和巴金

为啥把这两位前辈放在同一个章节里呢？因为他们于 1982 年、1983 年为我的萧红纪念卡题词。最主要的是因为他们俩都是文化生活出版社（以下简称文生社）的创办人，出版过萧红的好几本书。

1982 年 12 月 19 日吴朗西先生写：

我是在鲁迅先生那里第一次看到了肖（萧）红。她受到鲁迅先生的爱护扶持，她也没有辜负鲁迅先生对她的期望，在新文学创作的道路上，创造了辉煌的业绩。今天，我似乎又看到肖（萧）红和鲁迅先生在一起，她笑了，鲁迅先生也笑了。

1983 年 8 月 20 日，巴金先生在萧红纪念卡上，只是签了自己的名字和日期：巴金，八三年八月廿日。

我是在鲁迅先生的家里
等一次看到的萧红。
她是对鲁迅先生的爱护忠诚
她也没有辜负也忘记 对她的期望
在新文学创作的道路上
取得了辉煌的业绩。
创造

今天，我们学习鲁迅，
有鲁迅的爱迅永远在一起，
她笑了，
鲁迅先生也也笑。

吴朗西 1984年12月18日

巴金 ⋯⋯

也许，那时巴金先生正在写《随想录》，很忙；也许，因患帕金森病住院，很累；也许，与萧红交往不多；也许……但是在萧红纪念卡上留下字迹，我已经非常满足了。

1970 年末的一天，我骑着自行车，从淮海中路的一条弄堂里进去，一直穿到巨鹿路 1 弄 8 号。沿着既狭窄，又陡峭的木楼梯往上走，嘴上喊着："吴伯伯，我来了！"

"哎，是小丁吗？"我头顶上传来一声亲切的话语。

"是的。"我走着，抬头望去，一位头发灰白的老公公正在楼梯口向下张望。"当心，慢点，慢一点，我来给你开灯。"

"啪嗒"，周围一刹那亮了，照亮了已剥落的墙壁，隐隐约约从中还能看出从前的墙色。这是幢老房子，1935 年吴朗西和朋友们创办文生社时，社址就在这里。不过现在这所有纪念意义的房屋已被拆除，不复存在了。幸亏我与陈思和在这所房子里与吴朗西伯伯一起合过影。

以前，我常常把吴朗西与吴冷西混淆起来。到 1970 年末，我因为写《萧红传》，请吴朗西在萧红纪念卡上题词，并去访问他，时间一长，我才弄明白，此吴非彼吴也。

吴伯伯个子不高，背弯弯的，我认识他的时候，他刚得了轻微的帕金森病，手和脚都在微微地颤抖。每次与吴伯伯面对面坐着聊天时，我最喜欢看他一头乱糟糟的头发，它们倔强而又幽默地一根根竖立着，吴伯伯眯着一双带着笑意的眼睛，慈祥地望着你，就像注视家人一样。

我们谈最多的是鲁迅、萧红等一些现代作家，还有他的编辑活动。后来，吴伯伯还把他珍藏的一帧鲁迅画像送给了我。

吴伯伯说："1934 年 4 月创办《美术生活》，9 月创办《漫画生活》，1935 年创办文化生活出版社，一年之间，办了三个'生活'，好像打仗一样呵。"

可不是嘛，《美术生活》在当时是全国第一流的大型美术杂志，在上面经常发表作品的均为全国美术界名家大师，有张大千、徐悲鸿、林风眠、黄宾虹等人。编辑部在此基础上，出版了张大千兄弟俩的画虎专集《山君真相》。张大千兄弟与吴朗西夫妇关系很好，有一次特地邀请他们到苏州网师园家中去玩。

吴朗西在办《美术生活》时，结识了一批漫画家，有蔡若虹、黄鼎、黄士英等。他们经常给《美术生活》投稿，但这样的稿子多了起来，刊物用不了，吴朗西与他们商量后，决定再创办《漫画生活》。

对于这个漫画刊物的创办，蔡若虹在《为自己而歌》里曾说："也是夜晚，也是新秋时节，我们又遇见了，可是人数却不止两个，在谈话中知道大家都准备在漫画界燃起一个新的火把。于是我也在其中添加了一根小小的火柴。创刊号就这样开始了。"

吴朗西在刊物上，以"石川""静川"等笔名，译写了许多文章。年轻的吴朗西在编辑《漫画生活》的过程中，不但锻炼了才干，在社会各方面都搞好了关系，在出版界站稳了脚跟，而更重要的是，他加强了与作家们的联系。鲁迅、茅盾等前辈作家热情地给他支持与信任，巴金、丽尼、陆蠡、索非、黎烈文、荒煤等同辈朋友给予他温暖的友情与帮助。

1930 年初，中国社会受到世界资本主义经济危机的影响，工商业萧条，人民消费水平不断下降。经济衰退造成了文化事业的不景气。1934 年和 1935 年，由于杂志刊物比单行本容易销售，所以一般出版界与书商都愿意销售杂志，不愿出版单行本，当时人们把这两年称为"杂志年"。在这种商品文化的威胁下，创作不景气，翻译更不景气。连鲁迅向往出版一套果戈理作品选集这个小小的愿望，都难以实现。

就在这种萧条气氛下，1935 年 9 月 21 日，《申报》上突然出现了半版的大红套色广告，标题赫然醒目，介绍了著名作家巴金主编的《文化生活丛书》的前六种书目：约翰·史蒂文的

《第二次世界大战》（白石译）、纪德的《田园交响乐》（丽尼译）、高尔基的《俄罗斯童话》（鲁迅译）、柏克曼的《狱中记》（巴金译）、亨利·遮勒的《柏林生活素描》（吴朗西译）和巴金的《俄国社会运动史话》。这六本书，有文学著作、社会科学著作，也有美术作品，而且有鲁迅、巴金这样的名作家领衔，作品内容是那样的严肃，就好像是炎热的夏天午后突然吹进一阵凉风，出版界为之耳目一新。这六种书的出版单位，是一个人们从未听说过的出版社：文化生活出版社。

这个出版社之创办人，正是吴朗西和他的朋友们。文生社这个名字，也正是沿着"美术生活"而来。

这套丛书的主编人用的是他们共同朋友巴金的名义。当时巴金远在日本，接到吴朗西的信后，他全力以赴地做这件事情。1935年8月巴金由东京到横滨，乘"加拿大皇后"轮归国，赶回上海，名副其实地担任起丛书的主编。上面所举的《申报》广告，就是巴金回国后，为文生社打响的第一炮。广告上宣称："我们刊行这部丛刊，是想以长期的努力，建立一个规模宏大的民众的文库，把学问从特权阶级那里拿过来送到万人的面前，使每个人只出最低廉的代价，便可以享受它的利益。"这说明了文生社办社出书的宗旨。

1936年和1937年，萧红有三本书被编入巴金主编的《文学丛刊》，由文生社出版，并再版多次：一是《商市街》（散文集），1936 年 8 月，作为第 2 集第 12 册初版，1936 年 9 月再版；二是《桥》（散文集），1936 年 11 月作为第 3 集第 12 册初版，1937 年 3 月再版，1940 年 4 月三版；三是《牛车上》（短篇小说集），1937 年 5 月作为第 5 集第 5 册初版，1940 年 4 月再版，1948 年 8 月三版。

在文生社创建过程中，巴金和吴朗西是起主要作用的人物。两人有明确的分工，巴金主持编辑业务，管理出版社，先后主编《文化生活丛刊》《文学丛刊》《新时代小说丛刊》《呐喊文丛》《烽火小丛书》《现代长篇小说丛书》《文学小丛书》《译文丛书》（先由黄源主编，后由巴金主编）等，出版了大量的优秀文学作品与世界名著。吴朗西则是负责出版社经济的筹划与调拨，对外一切都由他出面洽谈。在处理好作家和编辑部、出版社和印刷厂的各种关系方面，吴朗西做了大量的工作。吴朗西掌管文生社的经济，但是他与巴金、伍禅、丽尼、朱洗、柳静等创办人都是义务地为出版社服务了十几年，不取任何报酬。

天时不如地利，地利不如人和。人和，是吴朗西的办社方针，也是他的处世方针。多讲"给予"，少讲"收获"，正是依靠巴金等朋友们的支持和帮助，他与他的朋友们在十几年中，使出版社顺利出版了大量的优秀作品，团结、培养了一大批作家，为中国现代出版史、文学史的发展作出了贡献。

吴朗西先生在萧红纪念卡里写，他在鲁迅先生家里第一次见到萧红，但是没有说是哪一天。为此，我找出《鲁迅日记》，寻找他们俩人是何时同时出现在鲁迅先生家的，可惜没有找到。有几次吴朗西和萧红的名字在同一天的日记里出现，但不是同一天鲁迅收到两人的信或者见到这两人，而是吴朗西去鲁迅家，同时鲁迅收到萧红的信，还有一种情况，萧红到鲁迅家，正巧鲁迅收到吴朗西的信。

最近我在寻找一些资料，在白危的档案袋里忽然发现我于 1983 年 2 月 3 日采访吴朗西的草稿，为啥放在白危的档案袋里呢？因为反面是采访白危的记录稿。

原来吴朗西见到萧红，不是在鲁迅家，而是在内山书店，怪不得在《鲁迅日记》里没找到。吴朗西伯伯还说到萧红那天梳着两条小辫子，穿着旗袍。他到鲁迅家去，碰到胡风等人，每次他总是静静地听鲁迅和客人们讲话，自己悄悄地坐在旁边。

但是为什么吴朗西在萧红纪念卡上说在鲁迅家里见到萧红呢？

萧红搬到山阴路附近后，三日两头到鲁迅家去，也许鲁迅没有记下来，不然吴朗西不会说在鲁迅先生家里遇到萧红，我想，这件事对吴朗西来说非常重要，绝对不会记错的。

杨 范

虽说杨范阿姨的家离我家不远，可我懒得走路，骑上自行车，一溜烟工夫就到了。1980年1月14日上午，我如约前去她家，因为她是萧红的同学。

我是第一次见到杨范阿姨，打开门，只见一位个子不高的女士站在我面前，鹅蛋脸上带着好看的微笑，一脸的喜气洋洋，你猜为什么？原来这天是她的生日。杨阿姨生于1915年1月14日，年过花甲，可是思维清晰，行动敏捷。

杨范阿姨是个性格直爽的人，寒暄几句后，马上进入正题。1928年杨范进入哈尔滨从德女子中学校（后改成哈尔滨东省特别区区立第一女子中学校）补习班，半年后，经过考试，升入初中年级，与叶露茜是同班同学，1935年毕业。萧红比她高一班，在四班，杨范在五班。数目越大，级数越低。

这所学校位于哈尔滨市南岗住宅区，环境优美。教学大楼是带点西洋味的二层红砖楼房。操场很大，分球场、田径运动场，秋千架、爬竹竿架及荡船等运动器械，都设在地下室的"风雨操场"里。冬天泼上水，就成了天然的滑冰场。操场四周环绕着高高的白杨树，很好看。"九一八"事变后，操场的一半成了日本人的遛马场。学生中有走读生，也有寄宿生，所以学校里备有两百人的床位，供这些寄宿生使用。当时萧红是寄宿生，杨范先是走读生，到快毕业时，为温课方便，杨范也住在学校里，成为寄宿生。

从德女子中学校的校名来自"三从四德"的封建伦理。当时有首校歌，虽是半个多世纪以前的了，杨范竟然还能记得几句："从德兮，松江滨，广厦宏开气象新，学子莘莘，先生谆谆……"作曲者是黄淑芳老师，她是北京体育学院毕业生，教体育。黄老师在教学上很能动些脑筋，有时教学生在大操场上做舞蹈操，手里拿两朵红纸花，身上穿条小白裙。同学们上完沉闷的文化课，再上活泼的体育课，兴趣很浓。学校里经常组织运动会，有时和外校一起在体育场，参加市里的运动会。那时学校里有打球的"五虎将"，还参加全运会，这在哈尔滨城里是很有名的。萧红当然也上过这位开明黄老师的课，听说她后来在北京长住，和青年人一样，每天听英语广播，子女都是驻外大使馆的官员。

1928年6月4日，日本派人在张作霖乘坐的列车上放炸药，张作霖身受重伤，不治而亡。此后日本帝国主义又趁张学良刚上台不稳定，提出修筑吉（林）敦（化）铁路线的要求。铁路如修成，要不了二十几个小时，日本就可将大部队送入东三省，消息传开后，东北人民再次掀起抗日爱国斗争运动高潮。哈尔滨大、中学生纷纷罢课，上街游行示威。哈尔滨市医科学校带的头，从德女中也积极响应，但遭到校长的极力反对。校长叫孔焕书，平时师生背后都叫她"孔大包牙"，一双脚是小脚放大，由家里做主，当了有钱人的小老婆。别看她平时铁青着脸，耀武扬威的样子，一到自己的双臂被两个戴大帽子的童子军拽住时，发青的脸上，也会闪动着恐惧，只得同意学生们上街参加游行，说："你们跟着去吧，要守秩序。"当全校四百多人在大操场上整队出发的时候，萧红也是其中一个，还自告奋勇地参加了宣传队。

杨范那时刚进校，在补习班读书，年龄很小，穿个小斗篷，站在队尾，跟着学姐们也去了。萧红在 1937 年 11 月 27 日写的《一条铁路底完成》里，有详尽的叙述，文章发表在 1937 年 12 月 1 日出版的《七月》第四期上。

萧红生性活泼，写得一手好文章，学校黑板报上，时常看到署名张迺莹（萧红原名）的散文。她还绘得一手好图画，图画老师高仰山可喜欢她了。1977 年杨范到哈尔滨旧地重游时，去看望高老师，可惜高老师已去世，杨范阿姨十分惋惜，说："不然，倒可以提供一些萧红的情况。"

萧红常常出外参加社会活动，这在被封建伦理观念统治头脑的校长看来，是大逆不道的，扬言要开除她。在学校里，萧红是大班的同学，杨范是小班的同学，虽在校园里照面，但从不打招呼，也不说话。直到 1933 年陈涓来到哈尔滨后，杨范与陈涓一起到萧红家去，才算正式认识。

那时，萧军已把萧红从东兴顺旅馆里救出来，一同住在道里商市街 25 号一所半地下的小屋子。进去时，要往下走几格台阶，屋子里很暗，空空如也，只有稿子散得四处都是，桌子上有，地上也有，这大概是他们所能骄傲的最富有的财产吧。

有一次在白俄很多的中国大街上，杨范看到两萧。萧军脖子上系了个黑蝴蝶结，手里拿了个三弦琴，边走边弹；萧红穿着花短衫，下着一条女中学生通常穿的黑裙子，脚上却蹬着双萧军的尖头皮鞋，看上去特别引人注目。他们边走边唱，就像流浪艺人一样。这件事给杨范印象很深，直到晚年还记忆犹新，她说："当时两萧以卖文为生，生活很艰苦，但从情绪上看，却很快乐。"确实，萧红那时精神很愉快，因为她在流浪、寂寞、困苦的生活中，遇到了亲人——萧军。

那时，哈尔滨有个《大北新报画刊》，中共地下党领导的，具体主办人是姜椿芳先生，金剑啸任编辑。杨范在编辑部里管照片、财务等，有时也与姜椿芳一起去印刷厂，接洽制铜版等事务，同时还写文章，发表在《大北新报画刊》上的，有散文《一架钢琴》《鸽子》等，她的好朋友陈涓也时常投稿来，如小说《棺材店老板娘》等。后来编辑部被日本人查封，姜椿芳被捕，金剑啸牺牲，杨范和陈涓及其他人就离开了哈尔滨。这是1936年的事，萧红和萧军早已离开哈尔滨，辗转青岛、上海，随着《生死场》和《八月的乡村》的问世，正式登上文坛。

我于1980年1月31日写成初稿，2月24日又修改一次后，马上送给杨范阿姨看，当天，她看完后立即写信给我：

丁言昭同志：

《肖（萧）红的朋友和同学》这篇稿子我提供的材料太少，因此内容比较单薄点，我和陈涓同志和她的联系较少，如果你要写她的同学，最好写同班同学沈玉贤（现在哈尔滨兆麟小学）老师，她是哈尔滨的先进教师，还有过作品的（，）到过上海参观。

黄淑芳是体育老师，不教音乐请改正，她的子女都是国外使馆官员，要尊重这位老师不能称她的外号。

我校在哈南岗住宅区，环境幽美，红砖楼房，操场周围是高高的白洋（杨）树（，）有寄宿舍200人的床位，地下室是食堂和风雨操场，有球场及田径运动场，有秋千架、爬竹干（杆）架及荡船等运动器械，冬天泼上水成大滑冰场。现该校改名为男女合校的哈七中。

杨范（19）80年2月24日

没过几天，杨范阿姨又来电话，要我去她家。她说，文中描绘的都是真实发生的事，而不是虚构的。后来，我把这篇文章发表在1980年4月《东北现代文学史料》第2辑上。

在一年内屡次打扰杨范阿姨，我都觉得不好意思，可是杨范阿姨每次都很热情、真诚地接待我，后来熟悉了，在正题谈完后，就开始聊天，记得她教我一个姑娘该怎么样坐姿，如何走路，怎样与人说话……我奇怪她怎么懂得那么多。到2018年我偶然认识了她的儿子杨皓仁，才知道一些情况。原来杨范阿姨出身在闯关东经商的江苏家庭，生在哈尔滨，东北沦陷后，流亡上海，就读中法戏剧学校。抗日战争期间，参加上海剧艺社，积极投入抗日救亡戏剧、舞蹈演出活动，并在国立戏剧专科学校任过好多年的舞蹈、形体课老师。中华人民共和国成立后，曾先后担任上海《剧影日报》记者、上影厂苏联电影翻译、上海科教电影厂翻译。杨范阿姨一生热爱艺术，终身献给了新中国的电影事业，是中华人民共和国文化部铜质奖章获得者。

1982 年 10 月 18 日杨范阿姨为我的萧红纪念卡题词：

肖（萧）红是我在哈尔滨第一女子中学校同学。在学校的板报上，常常看到她写的文章。她也是我们图画高仰山老师绘画的高足。我已年近古稀，但她永远活在我的记忆里，是一位才华横溢活泼年青（轻）的女作家。

杨
范

肖红

是我在哈尔滨第一女子中学校同学。
在学校的板报上，常常看到她写的文章。
她也是我们图画高仰山老师绘画的高足。
我已年近古稀，但她永远活在我的记忆里，是一位才华横溢活泼年青的女作家。

杨范 10.18.上海

范 泉

2015 年 4 月 16 日，范泉伯伯的儿子徐海安给父亲丁景唐写了一封信，信中说："我与丁言仪、丁言昭都曾经是五十一中学、上音、上戏的同学，然而我的父亲和您也在同一大学就读过，我们也是名副其实的'世交'了！""丁言仪"是我二姐，"五十一中学"，即上海位育中学。

也许有人会问：儿子姓徐，父亲怎么姓范呢？其实，范泉伯伯原来名叫徐炜。

1982 年 12 月 12 日，范泉伯伯为我的萧红纪念卡题词：

我一直认为，肖（萧）红不是一个弱者。她不仅在反抗家庭时取得胜利，而且在反抗社会时也并不失败。要是她能活到今天，她一定会勇气百倍地战斗，坚定不移地跨过这个"男子的社会"。这在 1947 年茅盾先生和我的一次谈话中，也同意了这个观点。

　　我一直认为,肯红不是一个弱
者。她不仅在反抗家庭中
取得胜利,而且在反抗社会
时也并不失败。要是她能
活到今天,她一定会勇气百倍
地战斗,坚定不移地跨过这
个"男子的社会"。这在1947年茅
盾先生和我的一次谈话中,也
同意了这个观点。

范泉 〔印〕

82.12.12

　　1946年日本投降后，茅盾到上海，1947年12月离沪，其中1946年12月15日，与夫人应苏联对外文化协会的邀请，赴苏联访问，于1947年5月下旬回沪，在上海居住了一年零四个半月。巧的是，当时范泉主编《文艺春秋》，住在山阴路的大陆新村6号三楼，二楼就是茅盾一家，范泉说："我有幸在这段时间与茅公同住一楼，能经常聆听他的教导，并在工作上得到他的关怀和扶持。"（《范泉文集·文海硝烟》第二卷，2015年3月上海书店出版社出版）他与茅盾时常谈论稿子和一些作家，当然也谈到萧红。因此，范泉在题词中，很自然地提到茅盾。

　　范泉伯伯生于1916年9月，上海市金山县吕港人，1939年从复旦大学新闻系毕业。还在学校时，即1937年就任《作品》半月刊主编，1944年至1949年任《文艺春秋》主编，后任上海永祥印书馆、寰星书店、中原出版社总编辑。1949年10月后，历任上海市总工会机关报编辑、新闻出版印刷学校分校副校长。范泉不但是编辑家，还是位作家，创作过许多作品，有小说集《浪花》，散文集《江水》《绿的北国》《翻身的日子》，童话集《哈巴国》《幸福岛》，理论集《创作论》《战争与文学》《文学源流》《西洋近代文艺思潮讲话》，以及好几本译作。

　　我于1984年11月写信给范泉伯伯，请他告诉我他的简历，他在1984年11月23日来信中回答了我的问题。信中还说："如觉得太简，可以参看10月1日出版的《人才天地》双月刊，那上面有一篇关于我的访问记。该书上海期刊部门一定可以买到。"范泉伯伯怕我买不到，又说："据孔海珠的妈妈金韵琴同志来信：她是买到后看见我访问记而写信告诉我的（如买不到，可向她借来参考一下）。"后来我没去借，而参考了别的刊物。

以前，我只知道范泉伯伯认识萧红，但是具体情况不甚了解，于是我就写信问此事。1983 年 1 月 7 日，范伯伯来信，说起了往事。他说：

您问起我跟萧红接触的情况，回想起来是这样：

1934 年我跟陈烟桥同志一起到大陆新邨 9 号去看鲁迅先生时，由许广平先生介绍，认识了萧红。1936 年鲁迅先生逝世后，我从北平回来，曾在许广平先生家里两次看到萧红。记得有一次和她谈到《商市街》。不知怎的，我特别喜欢《商市街》。我谈了我自己的一些感受，她介绍了她写这些作品时心情。因为时间长了，具体细节想不起来了。

回忆近五十年前的往事，确实不容易，能够想起这些让我十分感动，我立即写了封信，表示感谢。

1933 年，范泉在上海光华大学附中念书，快要毕业时，和在读大学的马华到内山书店买书，正巧遇见鲁迅。因为马华是左联成员，与鲁迅认识，便上前与鲁迅握手，同时向范泉介绍："这就是周树人先生。"

那天鲁迅穿一件青灰色长衫，上唇蓄着浓黑而整齐的胡须，平顶头发，身材不高，脸色有些憔悴，可两眼炯炯有神，笑声爽朗，听了马华的介绍，鲁迅伸出右手用力地握住范泉的手，接着亲切地与他交谈起来。范泉说自己爱好文艺，自学日文已经有三年，在《申报》副刊《自由谈》上发表了几篇文章。鲁迅问他文章是什么内容，用什么笔名……最后，关照内山完造帮他寻找需要的书。这第一次与鲁迅见面，给范泉留下难忘的印象。

第二次就是 1934 年，即范泉在信中告诉我的，他跟着陈烟桥到鲁迅家去，那天鲁迅不在家，许广平在家，另外有一位客人——萧红，这样，范泉认识了萧红。

1934 年 11 月，萧红离开青岛到上海，在鲁迅家里遇见范泉。此后，两人各忙各的，范泉创作的同时，编辑刊物，萧红创作了《商市街》《牛车上》等。1936 年 7 月，萧红只身东渡日本，在日本听到鲁迅去世的消息，1937 年 1 月从日本回沪，范泉正好也在上海，去看望许广平，两次遇见萧红。一回生，二回熟，两人谈起了各自的创作。

范泉特别喜欢萧红的《商市街》，觉得读起来真实、亲切，语言朴实无华。《商市街》是一本散文集，都是萧红的真实写照，1936 年 8 月和 9 月，由上海文化生活出版社两次出版。

在与萧红的交谈中，范泉知道 1932 年她得到萧军、舒群等朋友的帮助，走出困境，与萧军结合，搬到商市街 25 号（今道里区红霞街 25 号）。那时候，她累、她病、她饿、她贫……但她拥有世界上最宝贵的东西—— 一颗真挚地热恋着她的心，就这样与萧军开始了饥寒交迫的蜜月生活。

《商市街》里的每一篇文章都是华彩乐章，让我们来欣赏《搬家》篇吧。

住朋友家，住旅馆，现在终于有了自己的家，俗话说，金窝银窝不如自己家的"狗窝"，"我"心中真有说不出的快乐，希望丈夫一刻也不离开自己，只要他一出门，她就——感到冷、感到饿、感到肚痛、感到寂寞，家就像夜的广场。但是丈夫一回家，一切都变了，他给她带来阳光，带来温暖，她冰凉的血液开始沸腾，她呆滞的脑瓜变得灵活。

确实，对患难夫妇来说，爱情是他们最崇高的财富。萧红通过对"我"情感跌宕起伏、反差强烈的描写，反映了妻子对丈夫的一片恋情。

范泉与萧红的几次见面，虽然时间并不长，可是他还是很关心萧红的事情。我曾看到过范泉写《萧红的死》，纠正了多少年来，对萧红去世原因的误传，内中还提到本人的《萧红年表》，说："在国内外研究萧红作品的文章里，凡是谈到萧红晚年的病况时，一般都根据《萧红小传》的描述，认定她是死于肺结核。"

1982 年 10 月 16 日，范泉接到《萧红小传》作者骆宾基的信，说萧红不是"死于肺病，也不是死于气管扩张。今天看来，萧红是死于粘痰堵塞"。

最后，范泉感叹道：如果"没有动乱，生活安定，有着比较完善的卫生设施……她是不会死的"。

其实范泉伯伯本人的经历也很坎坷，20 世纪 50 年代"肃反运动"开始，被怀疑为"南京暗探"（国民党特务），经过两年半重点审查作出否定的结论。

关于范泉伯伯被怀疑为"南京暗探"的事，我记得 1982 年 2 月 1 日，范泉伯伯来我家，闲聊时，谈到中华人民共和国成立前的事，父亲说，当时地下党有个内部通知，让我们少与范泉接触，避开他。事情原来是这样的，他在抗日战争胜利后，与前《中美日报》的负责人、当时从重庆回来的国民党中宣部特派员詹文浒有来往，詹文浒要范泉帮助调查敌伪文化界的情况，这引起进步文化界的警惕，怀疑他的政治身份。先是许广平改变了对他的态度，连茅盾也让自己的内弟孔另境同他保持距离。

20世纪50年代由于他鸣放了"肃反运动不应该先审查后调查"，结果被上纲成"攻击肃反"，戴了二十多年的"右派"帽子，流放青海，长期住在年久失修的喇嘛寺里，多次从死亡线上蹓回来。"文化大革命"中，由于"造反派"急需大幅毛主席油画像，就指令范泉去画，要知道他仅仅在小学六年级美术课上学过一点水彩画，他若不去，就会没完没了地被批斗，结果可能被整死；去，如果画不好，丑化伟大领袖形象，那更是罪该万死，打成现行"反革命"。最后，他还是硬着头皮，抱着一线希望去画。于是他使出全身的解数，日夜学画，边学边画，居然在规定时间内画出《毛主席去安源》的六平方米油画像，得到造反派的认可，从此，他画了大大小小的毛主席油画像和毛主席语录水粉画，作为"右派画家"平安度过"文化大革命"。1979年得到平反，此时范泉已六十二岁，受聘于青海师范大学，主编《中小学语文教学》，带了两批研究生，一直到七十岁时，在1983年1月调回上海。

为了把失去的时间追回来，在艰难困苦的条件下，范泉经过十年的拼搏，编纂了一部两千万字、十二专集、三十分卷的

《中国近代文学大系》，于 1996 年 8 月出版，1997 年 9 月此书获得"国家图书奖荣誉奖"。范泉被授予"新闻出版特殊贡献奖"。

范泉伯伯在青海主编刊物时，就向我和父亲约稿，我写了篇《瞿秋白和列宁的会见》，发表在 1982 年 12 月 15 日《中小学语文教学》第 12 期上。他在繁忙的工作中，还特别关照我这个作者，1983 年 1 月 7 日来信中说："《中小学语文教学》12 月号和稿酬都已寄给你，谅已收到？"接着又根据自己多年的经验，继续说："您在业余从事写作，很不容易。希望您确定一个主攻方向，然后围绕这个方向看书并写作，长久以后，一定能得到比较理想的成果。"前辈的谆谆教导，让我永远受用，现在我所取得的成就，与他们的教诲是分不开的。

1982 年 2 月 1 日范泉伯伯来我家，他谈了《呼兰河传》的出版情况。1946 年骆宾基从杭州到上海来看范泉，谈话间没有说起萧红的书。过了几天，茅盾叫范泉到二楼去他家，商量出版萧红的长篇小说《呼兰河传》，原来骆宾基先到茅盾家去，讲到萧红的书。此书在桂林曾用土包纸出版过，现在骆宾基想重新出版，但苦于无处能够出版。范泉听后，就说可以放在"寰星文学丛书"里，但序要茅盾写。

不久，骆宾基把 1942 年桂林出版的土纸本给他，同时给了他《萧红小传》和茅盾写的序，于是范泉在 1947 年 6 月将此书交付上海寰星书店出版。

此事让上海教育学院的张炳隅老师得知了，他是现代文学研究的专家，曾在 1981 年 3 月 25 日给父亲的信中谈到这件事。他说："小丁最近有何大作？萧红传记文学写得怎样了？顺便请您告诉她：萧红的《呼兰河传》，1942 年在桂林出版的是土纸本，不是'范泉主编《寰星文学丛书》第一集'。范泉从未去过桂林，一直在上海。主编《寰星文学丛书》是 1946 年底开始的，大约秋冬之交，骆宾基把 1942 年桂林出版的土纸本给他，同时给了他《萧红小传》和茅盾写的序。范泉当即作为《寰星文学丛书》第一集在上海出版（丛书二集是臧克家《拥抱》，三集是范泉《创世纪》，四集是李健吾《云彩霞》，封面全由钱君匋设计）。"

1982 年 2 月 1 日范泉伯伯所说，完全证实了张老师告诉我们的情况。

范泉伯伯是一个在中国现代文学史和中国现代出版史上有成就的编辑家，现在他虽然离开了我们，但是纸墨更寿于金石啊！

周海婴

如果你见到周海婴为我萧红纪念卡上的题词，一定会觉得很奇怪，怎么有两个签名？

早在 20 世纪 80 年初，我只听见过周海婴的名字，没有见过面，但我仍急于要找到他。北京的陈漱渝得知后，告诉我没关系，就把周海婴给我来信的签名贴在萧红纪念卡上就行了。后来我见到周海婴，与他说起此事，他很爽快地在纪念卡上写道：

她——在我儿幼时抱我，哄我，给我讲故事，送我玩意儿，令我永远不忘。

时间是 1991 年 6 月。

我与周海婴先生第一次见面，是 1991 年 4 月在郑州参加鲁迅和鲁迅精神研讨会上。一天，我在房间里与朋友说话，走

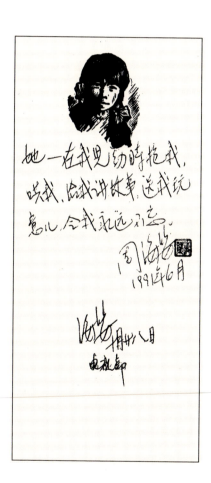

127

周
海
婴

进来一位瘦瘦高高、戴眼镜的先生，我觉得他脸很熟，却想不起他是谁。

朋友见我发愣，忙介绍说："这是周海婴先生，不认识吗？"我一听恍然大悟，赶紧说："啊，我认识他，他不认识我。"可不是吗！我在父亲丁景唐写的文章里时常见到他的名字，对他早就耳熟能详了。

周先生很随和，知道我从上海来，打趣地说："怎么不说上海话，还打官腔？"我立即改用上海话和他聊天。他很高兴，看得出周先生对上海很留恋，那是他的出生地，是他父亲鲁迅先生生活过十年的地方。

我们从鲁迅为什么爱吃条头糕说起，谈到当年去他们家的常客，最后谈到了萧红。

萧红是中国著名的现代作家，1934 年闯入上海后，是鲁迅培育和扶持了她，她的第一部中篇小说《生死场》完成后，鲁迅为她写了序，称赞她的小说是"力透纸背"之作。1935 年《生死场》的出版，奠定了萧红在中国现代文学史上的地位。

萧红刚刚到上海时，曾在拉都路（现襄阳南路）住过三个地方。鲁迅给她和萧军的信中，开玩笑地说："你们搬来搬去搬不出拉都路。"1935 年 5 月 2 日上午 10 时多，鲁迅和许广平带着小海婴到拉都路 351 号去看望萧红和萧军。我问周海婴先生："你还记得这件事吗？"

"我那时太小，不记得了。印象最深的是萧红搬到四川路后，离我们家很近，她几乎天天来，一来就与妈妈坐着不停地说，妈妈手上则不停地织着毛衣。"

"她们说些什么？"我很感兴趣地问。

"我听了几句，觉得她们说的都是大人事，听听没劲，我就出去玩了。"

那时候，萧军背离家庭有外遇，那位女士萧红也认识，而且很熟，被她撞见后，心里极度难过，想找个人倾吐一下，如果不这样，她肯定会大病一场。找谁呢？就是鲁迅夫人许广平，鲁迅的家成了她心灵的栖息之所。

"萧红在《回忆鲁迅先生》一书中说，你们经常在院子里玩，你还拉她的小辫子，是吗？"我又发问了。

"玩嘛，也不一定在院子里玩，有时也在屋子里玩。拉萧红的小辫子，倒是可能。你想想看，一个大人把一个小孩抱起来，小孩的手肯定要乱抓，看到小辫子就顺手拉着玩玩。"

鲁迅的朋友到鲁迅家去，经常会带点小礼物给小海婴，如瞿秋白曾经送他一盒玩具。我记得萧红也曾送小海婴一副小棒槌和两个小野核桃。小孩对玩具的记忆一般都很清晰。果然，周先生对此记忆犹新，"那副小棒槌和野核桃当然记得，我很喜欢这些小玩意儿，拿了小棒槌就乱敲，可惜那两个野核桃后来送人了"。

鲁迅在 1934 年 12 月 20 日写给两萧的信中说："代表海婴，谢谢你们送的小木棒，这我也是第一次看见。但他对于我，确是一个小棒喝团。他去年还问：'爸爸可以吃么？'我的答复是：'吃也可以吃，不过还是不吃罢！'今年就不再问，大约决定不吃了。"

"棒喝团"是意大利法西斯头目墨索里尼的一个反动党团组织，鲁迅借用它来形容海婴幼年时期的顽皮，这当然是从反面比喻的一个玩笑，从中也可以体会到父亲对孩子的疼爱。

1934 年 11 月 30 日鲁迅约萧红和萧军到内山书店见面，然后就领着他们到一家咖啡店小坐。12 月 19 日晚上，鲁迅、许广平请这对文学青年吃饭，席间，萧红拿出两个野核桃送给海婴。这两个核桃是萧红祖父留下的遗物。祖父是萧红最亲的人，这两个野核桃颇有些年头，颜色已变成深褐色，是人们活动手部用来健骨的。祖父去世后萧红将其一直带在身边，从关外逃到关内，颠沛流离也没有丢弃。这天她把野核桃送给海婴时，许广平说，萧红"把这些患难中的随身伴侣和传家宝见赠了"。现在那两个野核桃收藏在上海鲁迅纪念馆。

鲁迅的很多朋友其实年龄都才二三十岁，但在小海婴眼中，他们都是大人，只有萧红，他认为是可以一起说说话、玩耍的大姐姐，所以一见面就对她特别亲热。这些事已过去好多年了，但当年过半百的周海婴，一谈到第一次与萧红吃饭的情景就仿佛回到了童年，他说："那时，我就觉得萧红像我同龄人，说了第一句话，我们就很熟悉了。"

那天，我们从房间一路走到餐厅，还在不断地谈论着萧红，要不是有人来催他上火车，我们的沪语还不知道要说上几大筐呢！

最近，收到萧耘和夫君王建中寄赠的《鲁迅致萧军、萧红信——我们一定要再见一见》。这本精美图书实录的是五十三封鲁迅书信的手泽，前面的两萧照片，全部来自一本俄式玫瑰照相本，这是两萧珍藏的。1937 年 9 月 27 日，两萧南下时将这本相册以及鲁迅的来信一起交给许广平保管。1956 年 3 月 21日许广平把这些转交给北京鲁迅博物馆保存。

在萧耘和王建中写的《后记》中，透露了鲁迅写信用的信笺来源，那是海婴挑选的。晚年的海婴住所与萧耘家很近，有时，他骑自行车一下子就到了。一次，他很神秘地说："知道吗——我爸爸给你爸爸和萧红写信用的信笺纸，那就是我一篇一页地挑选嘞！爸爸就一直等着，看着我拣完，笑一笑又摇摇头，等我去睡觉了他才开始写信哦。"在我们眼前出现一幅多么幸福的"舐犊情"图画啊！

周海婴先生回去后不久，于1991年7月23日给我信中，附了一张照片，是个陌生女士，怀抱小狗，旁边坐了个女孩，再看信，原来是请我父亲丁景唐辨认一下，是否是关露。信中说：

昨日把翻拍照片取来，现寄上请问问你父亲。关露？的照片，背后是"广平先生 梅魂敬赠"是钢笔所签。另外一个笔迹是"廿八年中秋节"，较细。原件尺寸6×8.5厘米，上海"白雪"照相馆。

1991年8月11日，周先生又来信，说："关于怀抱小狗的女士，我也托人问了蒋锡金先生。他说此人他有印象，抗战期间在沪组织了两个读书会，她参加里边一个。但是姓名怎么都记不起来。让我问问凌山同志（她已退休，原在社科院）。"

1980年我随父母到北京，几次到香山拜访关露。

我一看这张照片就感到不是关露。关露的脸有点瓜子脸，那人是鹅蛋脸，关露的眼睛是丹凤眼，那人不是，而且脸比关露的要丰满，脖子比关露短，身体比关露胖。

我拿给父亲看，父亲否定了。1943 年至 1945 年，关露在编《女声》杂志时，父亲发动了一批地下党员去投稿，他自己也写了许多文章，《女声》上差不多每期都有父亲的文章，有时同一期还刊登了两三篇。有次，关露约父亲去她家（先前是王炳南和王安娜的寓所）谈稿件。当时两人都不知道对方是中共党员，一直到 20 世纪 50 年代初，父亲到北京学习，在文化部电影创作所见到关露才知道。父亲与关露可以说是认识很久了。

这时，我想起关露的妹妹胡绣枫阿姨。1980 年我写关露传时，几乎天天上她家去。虽然她在世纪之交时生病了，有语言障碍，可是脑子很清楚，天天看《三国演义》，看到我时，立刻写下我的名字。2001 年我还陪日本早稻田大学的教授岸阳子去拜访过她。那天我拿着照片去看望胡阿姨时，她一看，马上连连摇头，说这不是姐姐关露。

父亲说，20 世纪 30 年代认识关露的人大部分在上海，何不找一些当时搞妇女运动的老同志呢？于是父亲陪我去看望了郁钟馥阿姨。她是上海 30 年代三大女经理之一，另两个是锦江饭店的董竹君、梅龙镇酒家的吴湄。她开了一家九如酒店。郁阿姨与茅丽瑛很熟，经常参加她们的募捐、纪念会等活动。她还参加进步戏剧活动，曾在于伶伯伯创作的《女子公寓》里演主角。郁阿姨时常见到关露，如在职业妇女俱乐部等处，但不及深谈，她否认照片中的女同志是关露。

后来，父亲又帮我联系了著名的妇女领袖朱立波女儿史慰慈阿姨，当时她已七十多岁。她说："你蛮好早一点来的，我母亲九十多岁，刚刚去世。"朱立波那时经常与关露碰头，史阿姨从小跟着母亲跑的，凡是她母亲认识的，她基本上也都认识。她仔细看了照片后，说："这个人的脸很熟，肯定是参加妇女运动的老同志，但不是关露。"接着史阿姨拿出许多本照相簿，那都是黑白照片，有的已经发黄。在这些老照片中，我们寻找着这位不知名的老同志，可是没有找到，因为都是集体照，人头很小，根本看不清，我们用放大镜，还是看不清。史阿姨说："等以后有机会找些老同志来回忆回忆吧。"

2000 年我在编《关露啊关露》，2001 年 1 月由人民文学出版社出版，当我拿到书时，发现周先生的文章《一张关露的照片》及那张不是关露的照片也收在里面。我马上打长途电话给周先生，说上海的老同志都否认是关露。我又打电话给出版社的同志，说明情况，收到的回答是：你可以写文章嘛。

2003 年 10 月 17 日的《文汇读书周报》上，刊登了我的文章《一张照片的疑问》，旁边有史慰慈阿姨的文章《我知道的关露》。可是我发现这张不知名的老同志照片用的人很多，无可奈何也！但愿有一天，会有人知道她是谁。

周海婴先生一直邀请我到他北京的寓所去坐坐，可是我一直没有机会去。他在上海的家我倒是去过，1997 年 9 月 25 日在上海鲁迅纪念馆也见过，那是随父亲参加赵家璧藏书文献捐赠仪式上。

周海婴先生没有继承父亲的文学事业，从北京大学核物理系毕业后，在广电局工作。他说，我始终不愿意人家说"这是鲁迅的儿子"，但身为鲁迅的儿子，是无法选择的命运。"我希望大家不仅研究他的思想、他的文学价值，更希望大家看到凡人鲁迅，生活中的鲁迅，那才是一个完整的鲁迅。"（周海婴口述，李菁整理：《周海婴：还父亲一个真面目》，载 2006 年 1 月 20 日《作家文摘》第六版）其实，研究萧红何尝不是这样呢？

姜椿芳

姜椿芳认识萧红可以说是从她的画开始。

1912 年姜椿芳出身于江苏省常州市一个贫苦店员家庭。他少年时代就开始受到爱国主义和民主主义思想的影响。1928 年小学毕业后随家迁居哈尔滨，积极参加反对日本侵略东北的进步社会活动。1931 年夏加入反帝大同盟，随后加入共青团，1932 年成为中共党员。此时，姜椿芳任共青团哈尔滨市委宣传部长，后调任共青团满洲省委宣传部长，主编《满洲青年》(后为《东北青年报》)。1932 年底，调到中共满洲省委宣传部工作，为省委起草宣言，编辑《满洲红旗》(后改为《东北人民报》)。

金剑啸是 1931 年在上海参加中国共产党的。"九一八"事变后，金剑啸从上海回到哈尔滨，当时担任中共满洲省委组织部长的何成湘找到金剑啸，将他的组织关系转给在宣传部的姜椿芳，从此他俩结下了深厚的友谊。进而金剑啸的朋友萧红、萧军、塞克、舒群等人也就成了姜椿芳的朋友。

1933年，金剑啸为了救济1932年秋天水灾后的哈尔滨难民，发起了一个赈水灾的"维纳斯助赈画展"。这次画展主要是金剑啸的作品，有他在上海画的油画，其中不少是裸体人像，有他到哈尔滨后画的新作，还有金剑啸学生的习作。萧红除了积极参加筹备和组织工作外，还将自己的作品参加展览，有两幅小画（粉彩的），一幅是两个萝卜；一幅是一双半旧"洒鞋"、两个"红子头"（硬面烧饼）。这双半旧的"洒鞋"，是萧军练武术时穿的，那时他们住在欧罗巴旅馆四层的小阁楼里，屋子里唯一可以用作绘画"静物"的只有这两样东西。这两幅静物画虽谈不上什么高超的艺术性，却是萧红艰苦生活的写照，体现出她想用文艺为劳苦大众服务的心情。姜椿芳在展览会上见到了脸庞消瘦取笔名"悄吟"的萧红女士，他们相识了。

1933年7月，金剑啸在哈尔滨和罗烽组织了一个话剧团体，叫星星剧团，参加的有萧红、萧军、白朗、舒群、白涛、刘毓竹、徐志等。金剑啸任导演，排练了辛克莱的《居住二楼的人》（即《小偷》）、白薇的《娘姨》、张沫元的《一代不如一代》（又名《工程师之子》）三出独幕剧。萧红在《娘姨》中扮演一个生病的老妇。星星剧团在"牵牛房"、"马迭尔"、民众教育馆等处都排过戏。最常去排练的场所是"牵牛房"，该处是中共地下党和进步文化人秘密集会的地方，是画家冯咏秋和萧军讲武堂同学黄田的家，由于院里种了许多牵牛花，故得此名。姜椿芳也常去"牵牛房"，和党内外朋友交谈，有几次正巧星星剧团排戏，他就坐在一旁观看。但没过多久，在敌伪的白色恐怖压迫下，星星剧团便解散了。

1933 年 8 月的一天，金剑啸约了罗烽到姜椿芳的住处，商量如何利用伪满政府机关报《大同报》的事。他们商定由萧军集稿，通过长春《大同报》编辑陈华的关系，在该报下创办《夜哨》文艺周刊。在东北地下党的领导下，他们很快地掌握了这一公开的舆论阵地，团结进步文艺工作者，发表进步文学作品。

《夜哨》于 1933 年 8 月 6 日创刊，每星期日出刊，到 1933年 12 月 24 日止，共出版了二十一期。主要撰稿人都是姜椿芳的熟人，有金剑啸、罗烽、舒群、萧军、萧红、白朗等。萧红用"悄吟"的笔名在《大同报·夜哨》上发表了不少作品，在创刊号上就有她的小说《两个青蛙》，其他还有诗《八月天》，小说《小黑猫》《哑老人》《夜风》《叶子》《清晨的马路上》《渺茫中》《烦扰的一日》等。

萧红原名张迺莹，当她 1932 年为《晨光报》和《国际协报》副刊写稿时，开始用"悄吟"的笔名。"悄吟"乃"小莹"的谐音，其中也含有"孤独""寂寞"的意思。萧红发表在《大同报·夜哨》的文章，姜椿芳几乎篇篇都看，女作家细腻的笔触描述了对小动物的爱怜、对剥削阶级的嘲讽、对穷人奋起抗争的兴奋。姜椿芳进一步领会了萧红对幸福、民主、自由的渴望，他希望萧红和她的朋友能早点起飞，作出更大的贡献。

为逃避日伪统治日益残酷的哈尔滨，萧红和萧军在中共地下党的帮助下，于1934年6月12日离开哈尔滨，6月15日抵青岛，11月到上海，从此萧红在鲁迅的扶植下迅速成长，以《生死场》一书在中国现代文学史上占有一定的地位，这也是姜椿芳寄希望于她的。1936年8月，姜椿芳转移到上海从事进步文化活动，进入上海大戏院，负责该院放映的苏联影片的翻译、发行和宣传工作。10月，上海大戏院放映根据普希金的同名小说改编的故事片《杜勃洛夫斯基》（当时中译名《复仇艳遇》）。影片放映前，姜椿芳去见了鲁迅，向他说了影片为何译成《复仇艳遇》的原因，是国民党政府电影检查会一再挑剔，才改成这个影名。鲁迅听后带着愤慨的口气说："检查官就是要把作品的题目改得人们不知道这究竟是什么作品。"姜椿芳向鲁迅告别时，送给他两张赠券，1936年10月10日，已在病中的鲁迅带着夫人许广平和儿子周海婴去观看电影。当晚给黎烈文的信中说："午后至上海大戏院观《复仇艳遇》（*Dubrovsky by pushkin*），以为甚佳，不可不看也。"

1936年10月19日鲁迅逝世，许广平说这部电影"最令他快意,遇到朋友就介绍,是永不能忘怀的一次,也是他最大慰藉,最深喜爱,最足纪念的临死前的快意了"。(许广平:《鲁迅先生的娱乐》)

只可惜 1936 年 7 月萧红已东渡日本,两人未及见面,要不然,姜椿芳也许会在鲁迅家遇到萧红,约她一起去看电影。一直到 1949 年 4 月,姜椿芳到香港后,才去浅水湾看望萧红,但眼前只有一块木板为萧红的墓碑。姜椿芳回想起在哈尔滨与萧红相处的日子,不禁为这多才多艺女作家的早逝而感到痛惜。

1983 年 1 月 26 日姜椿芳在我的萧红纪念卡上这样写道:

1932—(19)34 年间,在哈尔滨曾见过肖(萧)红,读过她在《国际协报》付(副)刊上的文章,看过她在《维纳斯》画展上画的画,看过她排演而没有能演出的独幕话剧,在她主编(用悄吟笔名)的文艺付(副)刊《夜哨》上写文章;1949 年 4 月在香港海滩上的肖(萧)红墓(只是竖了一根木杆作标记)旁拍了照,一直在心里纪念着她。

1987 年 12 月 17 日,姜椿芳这位中国共产党优秀党员、久经考验的共产主义忠诚战士、著名的翻译家和出版家不幸逝世,人们将永远纪念着他。

1932—34年间，在哈尔滨曾
见过郑振铎，在《国际协
报》副刊上的文章，看见他在《推
纳翁》画展上的画，当也曾
排过字，没有跟他发生动的接触关
系，在他主办（用情侣笔名）的
文艺副刊《夜哨》上写文章；
1949年4月在香港《文汇》上的
肖红画（只画里了一根木牌作
标记）重描了一遍，一直到他死
会面过他。
　　　　　　　姜椿芳83.1.26.

姚 奔

秋风萧瑟，树叶无奈地随风飘落，地上渐渐呈现出一条金黄色的小径。此刻，我恍惚看见一位老人，拄着拐杖，正步履蹒跚地沿着小径向前走着。晨曦将他的身影勾勒得十分清晰，我定神一看，那不是姚奔伯伯吗！我想张口叫，却发不出声；我想抬腿去追，又迈不开步……梦醒之际，我心中一片茫然，抬眼朝桌上望去，那儿有一张讣告：1993 年 11 月 7 日姚奔已悄然离开人间。一切往事犹如发生在昨天。

记忆中，还是在"十年浩劫"刚刚结束的时候，父亲丁景唐带我去看望老朋友。那天，姚奔伯伯和夫人孙栗都在家，大人在聊天，我坐在旁边听着，并观察着姚奔伯伯，只见他脑门特别宽大，说话时脸上总是带着笑容，给人一种很亲切的感觉。

那时我正跟着父亲开始进行现代文学的研究，从鲁迅着手，逐渐扩大到和鲁迅有关的作家，其中女作家萧红特别引起我的注意。

"言昭目前正在研究萧红，晓得你与萧红是朋友，今天特地带她来向你请教。"父亲指着我对姚奔说。

"请教不敢当，你想知道什么，随时欢迎你来。"他很爽快地说。

姚奔伯伯比父亲大一岁，1919 年出生，原名姚向之、姚正基，吉林扶余人。抗日战争时期在重庆复旦大学新闻系学习，1939 年开始写诗，在《国民公报·文群》副刊和福建《现代文艺》上发表作品。1941 年夏他与邹荻帆、曾卓等人创办诗垦地社，编辑《诗垦地丛刊》及《诗垦地》副刊（附于《国民公报》）。大学毕业后，在重庆《自由西报》（英文）当助理编辑。抗日战争胜利后，在重庆和上海英国驻华大使馆新闻处做图书管理工作。1946 年春加入中华全国文学工作者协会上海分会，并在《文汇报》《大公报》等处发表诗文。新中国成立后，主要从事教学和编辑工作，在《文汇报》《新民晚报》《文学月报》《上海文学》等报刊上发表杂文、文艺评论和诗歌。1957 年后在《收获》《上海文学》《萌芽》杂志当编辑。1976 年到译文出版社工作，参加《英汉大辞典》编写工作十五年。主要作品有抒情诗集《给爱花者》《痛苦的十字》等，译作有《拜伦爱情诗选》等。

有了父亲的介绍，又得到姚奔伯伯的首肯，以后我经常去他家。我们两家离得很近，出了后弄堂，往南走五分钟就到了。这天我又去姚奔伯伯的家，专门求教与萧红有关的一段交往。

1939 年夏，萧红住在北碚嘉陵江边复旦大学文摘社的屋子里，周围是个农场。

缅怀鲁迅对自己无微不至的培养和关怀，常常使萧红产生强烈的创作欲望。当萧红跟着友人到重庆北碚时，她就开始着手准备写《回忆鲁迅先生》了。那时萧红衰弱的身体里已潜伏了肺结核的细菌，瘦高个，胸微凹，苍白的脸上只有一双大眼睛还是显得那么有生气。由于体力不济，为了不耽误文章的写作，萧红就请了当时正在复旦大学读书的姚奔帮助做部分的记录，自己口述，然后再整理成文。

夏天，他们有时在美丽的嘉陵江边大树底下的露天茶馆里写，有时自己在小房间里写……滔滔的江水长又长，诉不完萧红对鲁迅崇高的敬意和深切的怀念。萧红哪里是在写，分明是用心谱写了一曲伟大的鲁迅颂歌！

为了加深我的印象，姚奔伯伯还拿出纸和笔，画了一张当时和萧红所在地的地图。远处有山，近处就是嘉陵江，在一棵大树下有一个露天搭的棚子。我看着他在绘画，心想，他一定想起了与萧红一起回忆鲁迅先生的情景，一切恍如昨天。

可惜的是我没有仔细地问姚奔伯伯，哪些是他记录的，哪些是萧红自己写的。不过没关系，无论是她写的还是他记录的，反正是融合在一体，萧红很满意就行了。

1939 年 10 月 26 日，萧红在姚奔的帮助下，完成了《回忆鲁迅先生》，她马上想到许广平先生，将文稿寄到上海，请许广平先生审阅。1940 年 7 月该书由重庆妇女出版社出版时，又加了鲁迅的老朋友许寿裳先生的《鲁迅的生活》和许广平的《鲁迅和青年们》。萧红自己写了后记："有一章系记先师鲁迅先生日常生活的一面，其间关于治学之经略，接世之方法，或未涉及。将来如有机会，当能有所续记。"但萧红后来终究没能写续篇。

1993 年夏天，我把《爱路跋涉——萧红传》送到姚宅，姚奔伯伯捧着装帧精美的书，显得特别高兴，久病而消瘦的脸颊上溢出光彩。过了几天，姚奔伯伯打来电话，让我去取书。我发现书中夹着两张小纸条，指出书中的疑点，还注明出处。我看了，真的非常感动，由衷地说："谢谢你，姚伯伯！"姚伯伯却轻轻地摇摇头，神情是那样的淡泊而坦然。

姚伯伯生命中曾有过辉煌，创作过许多优秀的诗篇，却甘愿默默地将之隐去。后来他当了《英汉大辞典》编辑，总是甘于替人做嫁衣，从无半点怨言。他到这个世上来，仿佛就是为了付出，永远地付出，从来不索取任何东西。

记得有一年，我正醉心于翻译外国木偶图片资料，遇到不懂的地方，我总是匆匆地赶到姚家去请教。姚伯伯原本可以随意指点一下，可他常常为了某一个单词的准确含义而大动干戈，竟扶着楼梯，爬上阁楼找出好几本参考书，我看到他吃力地捧着一大沓书，从小楼梯上颤巍巍地下来时，一股崇敬之意在心中油然而生。

1982 年 11 月 21 日姚奔伯伯为我的萧红纪念卡题词：

一九三九年夏，肖（萧）红准备写一篇关于鲁迅先生的回忆，她因身体不好，就由她口述，我帮她记录。我们连续几天，在黄桷树镇嘉陵江畔大树荫下的露天茶馆，饮着清茶，她望着悠悠的江水，边回忆边娓娓动听地叙述着她在上海接受鲁迅先生教益的日子。我边听边记，她根据我的记录，整理成文，这就是后来发表的《回忆鲁迅先生》。

树叶仍在飞飞扬扬地飘洒，小径上浓得抹不开的金黄色笼罩着姚奔伯伯，姚伯伯走得那么快，走得那么静悄悄，我们多想再看你一眼……

一九三九年夏，荷江准备写一篇关于鲁迅先生的回忆，她因身体不好，就由她口述，我帮她记录。我们连续几天，坐黄桷树镇嘉陵江畔大树之下的露天茶馆，饮着清茶，她望着悠悠的江水，也回忆也深情动听地叙述着她去上海接受鲁迅先生教嘉的往事。我边听也记，她根据我的记录再整理成文，这就是后来发表的《回忆鲁迅先生》。

姚奔于一九八二
十一十一

赵蔚青

赵蔚青生于 1919 年，是吉林通化人，1943 年毕业于复旦大学外文系，和姚奔是好朋友。

那时，复旦大学的学生宿舍可以自由组合，不管你是哪个系的，只要志同道合都可以住在一起。赵蔚青宿舍里共有九个同学，同室有五个东北人，由姚奔发起，虽然没有结拜为"金兰"，但以排行老大、老二等相称，并呼之为兄弟。这些人系别不同，但都倾向进步。老大李维时、老二赵蔚青、老三邓林春、老七邹荻帆、老八姚奔、老九张帆。其中老大李维时、老三邓林春均为地下党员。

当时与姚奔伯伯聊天时，说起老同学赵蔚青也与萧红有点交往，我马上请姚奔伯伯将他的地址告诉我。1982 年冬天，我写信给赵蔚青先生，并且寄去萧红纪念卡，请他题词。1982 年 12 月 25 日赵先生来信，说："来信已收到，迟复，甚歉！"接着写："上次我寄你的萧红纪念卡，写了几个字，你说给姚奔看看，看了吗？你所组织写的这些纪念卡，不知将来怎样用，如印出来，希寄来一套为感。"信中夹先生寄来一张照片，是我向他要的，他说："我没有近照，现寄上一张，是我 60 年代摄的，请你哂纳，以作为纪念。"

1983 年 1 月 2 日我回信道，已给姚奔伯伯看了，并且将他写的萧红纪念卡复印寄去。同时感谢他赠送照片。因为那时还没有全部收齐纪念卡，所以无法印一套给他。

1982 年冬，赵蔚青先生在萧红纪念卡上题词：

纪念尊敬的萧红：

你瑰丽的大地花朵，虽过早地凋谢，但你留下的硕果，是祖国珍贵的财富。

——一九三九年秋于重庆求学时代，曾与学友李满红、姚奔同往黄桷树秉庄拜望萧红，当时在座者尚有作家端木蕻良，欢谈情景，犹历历在目。

下面是日期和签名：赵蔚青，一九八二年冬，北京。还有一个大红的印章。

赵蔚青先生从复旦大学毕业后，历任重庆《时与潮》杂志的编辑，长春松北联中英语教师，东北民报资料室主任，天津

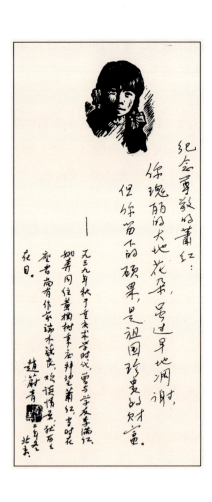

纪念革敬的萧红：

你瑰丽的火地花朵，虽过早地凋谢，

但你留下的硕果，是祖国珍贵的财富。

——

一九三九年秋于重庆求学时代，曾与学友李满红，如弟同往黄棚树去拜望萧红吉时花窝书青作家端木蕻良，妙谈情景，犹历历在目。

赵苏青
二月十五
北京

普育女中英语教师，中央人民政府情报总署编译员，人民文学出版社外文编辑部编辑、副编审。他从 1940 年开始发表作品，译著有俄国屠格涅夫的《静静的细流》、波兰显克微支的《荒漠莽林中历险记》等十几种。

骆宾基

骆宾基是第一个替萧红写传记的作家。

《萧红小传》完稿于 1946 年 11 月 19 日，先在上海《文萃》上连载，后于 1947 年 7 月由上海建文书店出版，同年 9 月再版。此书出版后，在 1947 年 9 月 1 日《时代日报》3 版上，刊登了正崇的《我读〈萧红小传〉》。文中说："一个萧红既反抗不了这社会，十个八个萧红亦然，在争取民族独立，自由，民主的运动中，除了认清妇女解放是民族解放斗争中的一环外，更必须懂得：唯有全国妇女团结起来参加到这壮大的行列中去，有一分热，发一分光……到那时，萧红的时代便成'过去'，让她微笑吧！"作者知道骆宾基前些日子被捕，不清楚他目前情况如何，表示"在此遥致敬礼"。

1947 年 9 月 8 日《时代日报》3 版上，又刊登了女作家欧阳翠文章《读〈萧红小传〉》，她用一位女性的视角来阅读这本书，称她为"战士"，"是多么渴望自由而广阔的天地"，但是"太早的死，寂寞的死，似乎不是单纯的悲痛或惋惜所能形容的"。

1976年10月以后，有关萧红的资料特别少，我四处寻找，上面提到的两篇文章是我到上海图书馆查阅到后，抄录下来的。我还抄录了骆宾基发表在1946年1月22日《新华日报》4版上的《萧红小论——纪念萧红逝世四周年》，以及他在1980年1月发表在《十月》第1期上的《生死场，艰辛路——萧红简传》，共三万多字。

《萧红小传》宛如一首淳朴动人的叙情曲，它没有慷慨激昂的旋律，却有沁人心脾的音符，忠实地描绘了萧红坎坷的一生。偏重于萧红的生活一面，文学创作一面涉及较少，这是此书的特点。

初次看《萧红小传》，就觉得这不是一般现代文学研究者写的，因为从流畅的文字中，时时可以看到作者对逝者真挚的感情和深切的思念，没有"桃花潭水深千尺"般的友情，绝写不出这样动人的小传。后来和骆宾基伯伯认识，才知道他与萧红之间的友情。

1980年6月12日，我开始写《桃花潭水深千尺——重读骆宾基同志〈萧红小传〉有感》，到19日写完后，立即将此稿邮寄给在北京的骆宾基。1980 年 7 月 4 日骆宾基伯伯来信，提了八条意见，根据这些意见，我进行修改，又经父亲最后定稿，发表在 1983 年 6 月 20 日出版的《延边大学学报》第 2 期上。

骆宾基在 1936 年春逃亡到上海之前，在哈尔滨就从金剑啸、贾小蓉那儿第一次听说萧红和萧军的名字，了解到他俩的著作《生死场》《八月的乡村》在上海出版，并且还知道由于鲁迅的推荐，《生死场》震动了整个国内文艺界。但是骆宾基当时没有见到，到沪后才读到这本书。之后，又陆续读了萧红的作品《商市街》《手》《牛车上》等，骆宾基心中暗暗钦佩这位女作家的才能。

我与骆伯伯通信，始于 1980 年 3 月 9 日，到 20 世纪 90 年代初，现在留存的有近四十封。骆伯伯给我第一封信，就回答我提出的问题，关于萧军在武汉被绑架之事。由此可想，我一开始去信，即迫不及待地向他提问，其实，这是非常不礼貌的，可是骆伯伯一点也没责备我，反而耐心地解答。后来我不断地提问，他不厌其烦地解答。

有一次，我想到"版权所有"的问题，写信问：可不可以用他信中的话？ 1980 年 4 月 16 日骆伯伯在信中说："信中的话，当然可以用，指名引用与不指名的用，都可以。"在他的允许下，我在《爱路跋涉——萧红传》里，大胆地引用了骆伯伯所提供的材料。

　　1936 年骆宾基在上海认识了萧红的弟弟张秀珂，并成了好朋友。他与萧红第一次见面，是在皖南事变后辗转逃亡到香港的时候。1941 年 11 月，萧红刚从玛丽医院出来不久，住在九龙。骆宾基见萧红脸色苍白躺在床上，不能起来，说话也无力。两人未谈多久，萧红即嘱端木蕻良陪骆宾基外出吃饭。归来，萧红还问起西菜怎么样。骆宾基见她体弱无力，不便多打搅，稍坐，即起身告辞了。

　　第二次骆宾基去萧红家时，萧红因病稍有好转，谈的时间较长了一些。萧红风趣地对骆宾基说，她替他的长篇小说《人与土地》作的报头式的标题画，高粱叶子又肥又大，就像夏末的高粱林子。接着，萧红又像姐姐关心小弟弟那样，关切地问起他的创作活动，要他讲讲短篇小说《生活的意义》的故事梗概。骆宾基见她这天精神愉快，就遵命讲开了。萧红听完，大笑不止，还发挥作家的想象力，添枝加叶。

　　1941 年 12 月 8 日太平洋战争爆发之前，骆宾基与萧红仅见过两次。自战争爆发后，直至萧红 1942 年 1 月 22 日逝世的前四十四天里，骆宾基一直守护在萧红身边。1942 年 1 月 19 日夜 12 时，萧红用手势对骆宾基表示要笔，在拍纸簿上写道："我将与蓝天碧水永处，留得那半部《红楼》给别人写了。"又写："半生尽遭白眼冷遇……身先死，不甘，不甘。"萧红在他的护理下，度过了她文学创作十年路程的最后时光。

在 1943 年 1 月 15 日出版的《人世间》1 卷 3 期上，我看到《红玻璃的故事》，署名为：萧红遗述，骆宾基撰。虽然只是萧红遗述，但骆宾基写来酷似萧红文风。骆伯伯在 1980 年 4 月 9 日信中说：

"至于《红玻璃的故事》，是香港发生太平洋战争之后，萧红在思豪酒店五楼避难期间，在炮声隆隆之夜，为我作为未及写出的短篇素材讲的，而战争的炮火虽然时时震得楼玻璃作响，但我们却如置身于现实的局外，虽然有时讲述者突然睁大两只眼睛凝视空间，意在倾听炮弹落处，但也为我的如处世外的听者之入迷神色所宽慰，继续讲下去，以后她曾称我'也是在观念里生活的人'……"

《红玻璃的故事》的题材，最初由萧红口述告诉骆宾基，后来由他凭记忆写成的。萧红临死之前在脑海里早已酝酿了一篇故事的情节，如果不是病逝，相信她自己一定会把那故事写出来的！

《红玻璃的故事》是骆宾基在 1942 年为了纪念萧红逝世一周年而追撰的。根据作者的后记，这故事是不全的，但读者看后，发觉它的情节和结构还是十分完整的。如果能够删去后面的"蛇足"，大概会更好一些，保留后面情节，可能是作者为了忠实于萧红的原说吧。

我经常寄一些发表的文章，请骆伯伯提意见。1979年7月《文教资料简报》第91期上，我发表《"我将与蓝天碧水永处"——纪念萧红迁葬二十二年周年》，后将此文章寄给骆伯伯，他来信中说："这次读您的文章觉得很有水平，写出了情感，确有才华，希望就在这样的基础上发展下去，大概前一篇是写实，受限制的缘故吧！"（1980年4月28日骆宾基致丁言昭信）受到鼓励，我越发写得起劲了，接二连三地发表有关萧红的文章。

1980年8月15日出版的《北方文学》1980年第8期上，我发表《美好的礼物——读美国文学博士著〈萧红评传〉》，讲的是葛浩文的作品。他是地地道道的美国人，取了个中文名字，由于他的指导老师是柳亚子的儿子柳无忌，因此他选择研究萧红。1980年8月，葛浩文先到北京，然后到上海，我和父亲于22日接待了他，陪他到上海鲁迅纪念馆等处参观。以后他经常到中国来，追寻萧红的足迹，每次到沪总要到我家来，畅谈一番。

我把这篇文章寄给骆伯伯，1980年6月11日，骆伯伯来信中，对我的文章进行了点评，他说："首先，《礼物》写得分寸合适，字里行间也带着迎宾的气息，这是好的，落落大方，大家之笔也。"接着，骆伯伯毫不客气地指出不足之处。说："意有不足者：一、肯定其所得为'第一手材料'，未免过早，材料来自孙陵其人，多为贬人而自吹之虚妄之辞，盖当事之主要人萧军，好友如舒群、白朗、锡金等人都在北京，台湾那里会有什么第一手材料？而诸说之中，自然应以萧军与萧红之初次见面的自述为可靠，传言之笔，只能参考！这对有志于萧红生平及其作品的研究者来讲，不能左右摇摆，毫无主见，至为重要，不知以为然否？"

骆伯伯客观地分析了葛浩文《萧红评传》的长处，他说："《评传》长处在于对萧红的作品的研究，尽管艺术观上，与吾辈有异，但在研究萧红的作品来说，还是第一人，只此一点，也就够了！"后边又加了一句："阁下又以为如何呢？"

改革开放后，老作家都焕发了青春，忙着接待各方面来访的研究者，还要写稿。因此，骆伯伯信中经常会有这样的句子："事繁，压力大，奈何，奈何，一叹！知念顺便诉苦……"（1980年6月11日骆宾基致丁言昭信）

"最近越发不济，血压从90—140突增110—180，头晕之情，可以想见，但有些事，还待等着做，如我的中短篇小说集，已编好，会要写编后记之类，因而许多信，都压在那里未及复。"

（1980 年 11 月 28 日骆宾基致丁言昭信）

"我害热伤风很久，是真正休息了十几天！揽的活儿多了些，零工碎工，'吐不尽的丝，写不完的字'，现在又开始了正式的写作，是关于上古旅游方面的！"（1987 年 9 月 1 日骆宾基致丁言昭信）

很多作家，经过"十年动乱"，在身体和精神上受到摧残，可是，活下来就是胜利，他们想力所能及地做一些事，不管是对自己，还是对读者，多少是益事，这就是一个作家的品格、品位、品德。

骆伯伯几次患脑血栓，1980 年初，每天一早挂着拐杖"散步"，然后坐下来工作两三个小时，有时写得顺了，忍不住写的时间就会延长至四五个小时，但是这样一来，血压就会高上去，家人赶紧强迫他休息。1990 年 9 月骆伯伯患第三次脑血栓，经过医生全力抢救，他下床能够坐进助行车，左手勉强可握住书，可以继续古金文的考证。他不爱听"颐养天年"之类的话，多说了会生气。他说："我搞古金文二十多年，刚刚入门，能歇手不干吗？有一口气就不歇手！"茅盾曾高度赞扬他，说他研究起古金文，"胆大得很，能独立思考，敢于争鸣，推翻郭沫若、杨荣国的金学理论，自己独创了一套新的"。（金韵琴：《茅盾谈话录》，载 1983 年 3 月 24 日《文学报》3 版）

记得一次上骆伯伯家去，与我谈起古金文如何如何，我对他研究的古金文是一窍不通，只是听他饶有兴趣地讲，具体内容现在我一点也想不起来了。

我们除了寄文章、寄稿纸外，还互寄照片。骆伯伯寄来四张照片，一张是 1946 年于上海《萧红小传》写作之前，浓密的黑发，粗眉下面是一双若有所思的眼睛，笔挺的鼻梁上戴着金丝边眼镜，欲说又止的嘴，白衬衫上系着深色的领带，外穿小格子西装，一副文弱书生的模样。与我后来见到的骆伯伯有点区别，后来的骆伯伯头发还是那么浓密，不戴眼镜，衣着很随意，但知识分子的那种气质仍然照旧。

一张是 1973 年在写"金文新考"的照片，骆伯伯左手夹着一支点燃的香烟，右手拿了圆珠笔，低头在写，只见他微皱眉，眼睛盯着桌上的纸，精神专注地研究古金文。

一张是 1980 年骆伯伯在北京的家里，墙上满是肖像画，我看其中一幅画的是骆伯伯。他右手拿着笔，眼睛看着左边，大概左旁有客人在。

还有一张是 1981 年 9 月 12 日，骆伯伯在南京，与陈白尘合影，影中人面对面亲切交谈。陈先生口中衔香烟，翘起二郎腿，脚上的皮鞋锃亮，骆伯伯脚蹬一双布鞋。

我也寄照片去，其中一张是我向长辈借了件 30 年代的旗袍，格子、短袖、淡色的夏日旗袍，模仿萧红那个年代的样子，脸部表情比较严肃。骆伯伯在 1980 年 4 月 16 日信中说："今天接到来信，见到照片，真高兴！"后又寄了张生活照，骆伯伯在 1980 年 5 月 9 日来信中说："信、影印稿及相片，都收到，谢谢！这张像确实活泼，与第一张照片，性格如两人，祝您永远如节日般欢快！"

我与骆伯伯第一次见面，是 1980 年 10 月 7 日。我们聊天，讲最多的是萧红，快到吃午饭的时候，骆伯伯带我到附近的一个店去，让我印象最深的是火烧，这是北京特有的点心，类似上海的咸大饼，不过比上海的小一圈，蛮好吃的。那时候，我差不多每年要到北京，不是开会，就是观摩文艺演出，每次去，我总要到前门骆伯伯的家去。

骆伯伯为我在萧红纪念卡上题词：

一九八二年一月廿二日是萧红先生逝世四十周年的忌辰！

1994 年 6 月 11 日，骆宾基在北京逝世，享年七十七岁。这天上午骆伯伯一直在修改《金文新考续编》，累得不行，饭后由他老伴扶持，上床睡了，睡得那么沉，睡得那么香，竟一睡不再醒来，他带着对祖国和人民的爱，悄悄地离开了我们。

162

骆伯伯于 1938 年 5 月，由冯雪峰、邵荃麟介绍，加入中国共产党，后与党失去联系，一直到 1982 年才重新入党，这位六十五岁的老作家激动地说："我追求了大半生的愿望终于实现了。我热爱党，信赖党，决心做一名忠诚的共产党员。"

2005 年年底，我在上海鲁迅纪念馆附近意外遇到骆伯伯的女儿张晓新，好高兴，分手时，我说我这儿有你父亲给我的信，我会复印寄你的。2006 年 1 月 28 日大年夜，我收到晓新的明信片，上写："恭贺新春，祝您和令尊大人身体好，生活好，多写文章，多出书。谢谢您把我父亲给您的信保存得这么完整，看着信，我很感动。谢谢，到北京请给我电话。"

现在，我想把这些信发表，可是要得到晓新同意啊，容我与她联系后，再告诉大家吧。

徐　迟

　　我没有见过徐迟先生，但我从别人的口里知道一些关于他的事情。20 世纪 80 年代，我到上海人民出版社去采访穆丽娟，一位非常漂亮的女士，是戴望舒的前妻，后嫁给周劭先生。那时我正在研究 20 世纪 30 年代的现代作家与萧红的友情，戴望舒与萧红、徐迟都是好朋友，于是我便去拜访了穆丽娟女士。

　　1936 年徐迟同戴望舒、路易士创办《新诗》月刊。他曾对朋友说："论诗，徐志摩第一，戴望舒第二，卞之琳第三，艾青第四。"

　　20 世纪 30 年代出现"南下香港"的历史现象。那时日军入侵，迫使内地作家南下避难，加之中国共产党对国统区左翼文化人士和进步作家的保护，安排这些进步人士到香港。在这种情况下，1938 年 5 月徐迟携带妻女与戴望舒一家到香港，开启了他的香港岁月，至 1942 年 1 月离开香港，这中间除去到桂林、重庆的一段时间，拢共在香港待了近三年。期间，徐迟一面勤于写作，一面积极抗战。

1939 年 9 月，徐迟的妻女回沪，他一人留在香港，亲人的别离、国家的破落使他坠入一种"虚空"中。对徐迟来说，流亡香港当然是不幸的，可是在这里，他结交了许多朋友，有夏衍、乔冠华、戴望舒、冯亦代、袁水拍、杨刚、叶浅予、叶君健、张光宇、张正宇、鲁少飞、廖冰兄、黄新波、郁风、叶灵凤、马思聪、丁聪等，这批文化人与徐迟都有过亲密的交往。

鲁迅生于 1881 年，1940 年是虚岁六十岁。1940 年为了纪念鲁迅先生诞辰六十周年，徐迟和乔冠华、戴望舒、冯亦代等人在一次聚会时，提出举行纪念会的建议，得到在座的赞同，并由徐迟去和香港文艺界协会主要负责人许地山先生联系，在许先生的同意下，徐迟和朋友们开始筹备。徐迟主管纪念大会的前台工作，冯亦代主管后台工作，并兼任鲁迅诗剧《过客》及萧红创作剧本《民族魂》的导演。大会因为组织得力，演员表演投入，开得很成功。

1982 年我通过父亲的朋友，请徐迟先生为我的萧红纪念卡题词。

为纪念鲁迅先生的诞生，我们在 1939 年的香港孔圣堂里办了一个纪念会。萧红写了一个哑剧台本《民族魂》。因为有些部分不很适合于舞台演出，丁聪、冯亦代和我几个人约她在阁仔的咖啡座内研究台本的修改。修改后

演出了。演出成功。我还记得萧红闪着满意的泪花向我
们表示高兴。我们得到了安慰。

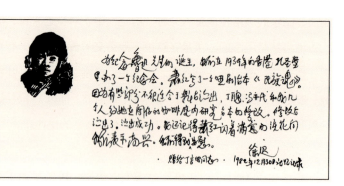

结尾特地说："赠给丁言昭同志。"

纪念卡上还写着：徐迟，"1982 年 12 月 30 日记忆记录"。
但实际上，徐迟先生记忆有误，纪念会举办时间不是 1939 年，
是 1940 年。

徐迟（1914—1996），诗人、散文家、评论家，他原名徐商
寿，上面有三个姐姐，他是老四，父母叫他"迟宝"。1933 年，
他十九岁那年开始写诗，最初的诗发表在《现代》杂志上，没
有用"徐迟"这个名字。发表了几年作品，才用"徐迟"这个
笔名，他对朋友说："原意是叫自己生活得慢一点，不要老是快
节奏、性急、匆忙。不过，我这辈子也是慢不下来。"

改革开放以后，他写的报告文学《哥德巴赫猜想》《地质之光》等，家喻户晓，我平时对报告文学涉足较少，可我看了《哥德巴赫猜想》后，深深地被他的文字感动。1996 年徐迟以一种无人理解的方式猝然离世远行，大家深为惊奇，但他对死亡，有自己的看法，他自述："死亡是一种幸福，解脱，未来如日之升。"

丁聪为徐迟画过一幅肖像，刊登在 2005 年 6 月 24 日《新民晚报》上，他那深邃的目光如一光束，射到最远的星球，那里有永生不死的人或神，会凭借微子、量子的加速器，窥见亿万年前的小星球上，一条不尽长江滚滚流，有一位为它讴歌的诗人，那就是——徐迟先生。

谁要是不了解徐迟的苦恼，就不了解徐迟。他永不满足，永在求索，他永远追逐着新鲜的思想、新鲜的艺术、新鲜的语言。

高　兰

　　1987 年 7 月，我收到山东大学高兰同志治丧委员会寄来的讣告，内中说："著名诗人、中国现代文学史家、山东省政协常委、山东大学中文系教授、中国共产党党员高兰同志，因病医治无效，不幸于 1987 年 6 月 29 日 9 时 18 分在济南逝世，终年七十九岁。"

　　我是 1983 年起，与高兰先生交往，因为我从姚奔夫妇处得知高兰见过萧红。姚奔先生夫人叫孙栗，原来名史映筠，是高兰在东北中学教书时的学生。高兰先生在信中不时地要我向他们问好，1982 年 11 月 24 日来信中说："孙阿姨在中学时，唱歌唱得特别好，留下深刻的印象，四十多年来，未曾忘记。"1983 年除夕之夜特意交代："请你就便转告你的姚伯伯和孙阿姨，我给他们拜年了！"1983 年 1 月 21 日信中说："见到你的孙阿姨、姚伯伯替我问候，我已七十有四，他们我估计也将逾半百矣。"我接到信后，立刻到姚伯伯和孙阿姨家去，告诉他们这个信息。

1983 年 3 月 10 日来信中说：“您的孙阿姨已给我来信了，我异常感慨地给她回了一封信。”

1983 年初，我寄了一张萧红纪念卡给高兰先生。不久，收到来信，让我再寄两张去，因为他踌躇了好久，写成一首新诗，但卡片太小，写不下。我寄去后，那天我收到来信，一开头，就说：“我实在对不起你的盛意……”我看后，有点丈二和尚摸不着头脑，怎么会“对不起”我呢？再看下去，方才明白事由。原来他“在卡片上写错了又涂去，涂去后又无新片可资更换，闹得我最初不敢给你寄去，放了几天后，我还是没有办法而时间又太久了。只好硬着头皮寄去，请你原谅或是代换一套重抄上吧”！

从来信中，我知道高兰先生视力衰退，手有些抖，于是我抄了四页，然后寄去，请他签名盖章，写上日期。前后一共用了八张萧红纪念卡，但很值得。

萧红是黑龙江省呼兰县人，高兰是黑龙江省爱辉县人，萧红与高兰的几个族妹和一个弟媳妇是同班同学，因此他很早就知道萧红的不幸身世。

1921 年高兰入黑龙江省立第一师范学校，后转入北京崇实、汇文中学。1928 年入燕京大学国文系学习。抗日战争爆发后，在武汉参加中华全国文艺界抗敌协会，和光未然、冯乃超等人发起朗诵诗运动。有一次，高兰听蒋锡金、孔罗荪说，萧红从上海到武汉来了。在那儿，两位老乡虽见面，但没有深谈。与萧红不多的几次交谈中，高兰印象最深的是在 1938 年 5 月的一次文艺界集会上。

当时由五战区来的黄季陆，邀集一些文艺工作者在汉口美的冰室聚会，到会的有在武汉的一些著名作家、诗人、戏剧家，有一些从事抗日文化活动的知名编辑、出版家，还有刚到武汉的臧克家、黑丁、曾克、田涛、碧野、欧阳红樱、姚雪垠、李辉英、张周等。主持人黄季陆是五战区的政训处长，他的夫人张近芬，20 世纪 20 年代常在《小说月报》上用"C.F"的笔名发表作品。黄季陆自称算是半个文化人，因而有招待文化界诸位作家的资格。此人后来是国民党四川省党部的主委，担任过战时四川大学校长。

这天，高兰和丽尼同去参加聚会，与罗烽、白朗打个招呼后，发觉萧红和萧军就在近旁。萧军穿一件俄罗斯式的绸衬衫，腰间系一根很细的丝腰带，这种装束在哈尔滨很常见，但在武汉就比较引人注目了。萧红上穿西装上衣，下着裙子，高高的个儿，梳着双辫，两只大眼睛很有神采，大约因为高兰早就知道她的坎坷不幸，所以感到她的脸色有点憔悴。其间，大家在一起谈了些闲话。

会上，臧克家向大家介绍了以李宗仁为司令长官的第五战区办的青年军团中举行的一次战时征文，一等奖得主是章文龙的一首长诗。

这首诗抒发了作者回忆过去在家乡过元宵节的盛况，回想起白发苍苍的老母亲和皓月当空的情景。高兰觉得诗中表达作者对亲人的一往情深很是感人，只是情调低沉了些。这首诗后来刊登在诗人臧云远主编的《自由中国》上。

大伙从章文龙的诗谈及战时文艺创作，纷纷发言，提出了许多宝贵意见。忽然有人提议蒋锡金、王莹、高兰朗诵最近发表在诗刊《五月》上的普希金名诗《茨冈》。

这首诗是普希金 1820 年被放逐在比萨拉比亚地区时写的。瞿秋白在 1933 年冬译于上海，当时因为他必须立即前往中央苏区，尚差一小部分没有译完，后来李何补译了未完成部分。中华人民共和国成立后，这首诗重新发表在 1980 年《诗刊》第 3 期上。

高兰等三人凑到一起，把译文分成三段，稍微交换了意见，就上台表演了。观众中的萧红和大伙一样听得津津有味。

1947 年高兰任沈阳《东北民报》文艺周刊编辑，写过一首诗《雪夜忆萧红》。我曾写信去请教这首诗的创作情况。1983年 3 月 10 日高兰来信中说：

至于您说的《雪夜忆萧红》，我确实写过，只是不曾留底。内容主要是：我回到沈阳那年冬天，在《东北民报》工作。在一个寒冷而风雪交加的夜晚，我望着弥天的黑暗，漫天的大雪——正是当时在国民党压迫下的沈阳充满着白色恐怖而又无边黑暗，人们瑟缩着生活的环境的写照，使我想起流亡异地在反动派压迫下的做不息的斗争的东北作家们的艰苦生活，他们一定在思念着东北家乡还是那么黑暗寒冷而又是弥漫大雪一样充满了白色恐怖，真是令人无限哀痛！用萧红的名字无非是作为代表而已，因为她是更为不幸埋骨于异域者。这篇小文正表示了我的哀思重重！

1983 年 3 月，高兰先生在萧红纪念卡上题词，是一首长诗，名为《题丁言昭同志萧红卡片》：

高
兰

在这里
请允许我，
叫你一声乡亲吧！

你呼兰河的女儿，
生死场的作者，
萧红啊！

不是吗？
黑龙江的雨露风霜，
雪地又冰天，
也哺育了我，
从一个孩童直到成年！
而我们失去了它

题丁言昭同志萧红卡片

在这里
请允许我，
叫你一声多亲吧！

你呼兰河的女儿，
生死场的作者，
萧红呀！

不是吗？
黑龙江的雨露风霜，
雪地又冰天，
也哺育了我，
从一个孩童直到成年！
而我们失去了也

1

竟在同一个一夜之间。

但我却没你那支彩笔，
描绘出家乡的人们，
死得多么无辜而悲惨！
生得那么英雄而又坚强！

当抗战的烽火燃烧到中原，
我们才相逢在一个壕堑。
听人民的命令，
对敌人共同射击着仇恨的子弹！

为了打回老家去，
我们也曾匆匆相聚！
又匆匆别离！
黄鹤楼前一挥手，道声珍重！
从此便天各一方，

竟生同一个一夜之间。

但我却没你那支彩笔,
描绘出家乡的人们,
　　死得那么无辜那悲惨!
　　生得那么英雄却又坚强!

当抗战的烽火燃烧到中原,
我们才相逢生一个墟野。
听人民的命令,
对敌人共同射击着仇恨的子弹!

为了打回老家去,
我们也曾匆匆相聚!
又匆匆别离!
黄鹤楼前一挥手,道声珍重!
从此便天各一方,

2

断了消息。

传闻你为疾病和苦难
不幸又夺去你青春的生命，
不是家乡人也为你泪流满面。
我凝望着遥远的云影天光，
隔着大海
无尽的思念，
萧红啊！
你不幸又埋骨于何方？
尽管你生前的歌
依然那么嘹亮，
仍在人间不息的绕梁！

如今四海为家日，到处是家乡

断了消息。

传闻你为疾病和苦难
不幸又夺去你青春的生命，
不是家乡人也为你泪流满面。
我凝望着遥远的云影天光，
隔着大海
无尽的思念，
萧红啊！

　你不幸又埋骨于何方？
　悠扬你生前的歌
　依然那么嘹亮，
　仍在人间不息的缭绕！

如今四海为家日，到处是家乡

3

到处是祖国灿烂的阳光，
你的理想如披着彩羽，
到处翱翔；
就象（像）你当年的裙裾迎风飞扬。
在亿万人民的歌声里呀！
你心灵的光芒
同朝霞一道升起，
向上……向上……

到处是祖国灿烂的阳光，
你的理想如披着彩羽，
到处翱翔；
就象你当年的裙裾迎风飞扬。
在亿万人民的歌声里呀！
你心灵的光芒
同朝霞一道升起，
向上……向上……。

一九八三年

4

　　这首诗似乎很得诗人喜爱，在高兰先生不幸逝世后，我收到他夫人刘景秀寄来的《高兰朗诵诗选》，由山东文艺出版社1987 年 3 月出版。书中收进了这首诗，题目为《题远方寄来的萧红卡片》。书的前面，有穆木天写于 1938 年春的长诗《赠高兰》，作为代序，写道："高兰！为民族革命高扬起你的歌喉吧！在诗歌中激发起民族的伟大的感情吧！"

高 原

1982 年 11 月 23 日，高原为萧红纪念卡题词《萧红的悄吟》：

一封书信何日可能到

山高水远路几千

一别一往年

卷帘看柳絮舞花前

依楼添愁愁那春光去

春色空庭属落花

花落水流红

乱纷纷

蝴蝶过墙东

1937 年 1 月 12 日，在航行中，萧红教我唱过这支歌，并因我请求，亲笔把这歌词抄写在我的笔记本上，这些似乎历历如昨日事情，不觉已是时隔四十五年于兹矣。故人竟成古人，天乎痛哉。

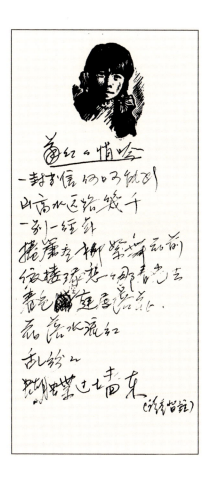

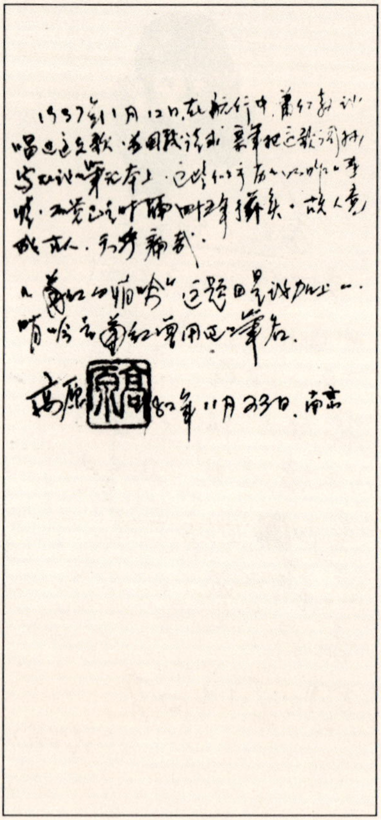
1937年11月12日，在航行中，萧红教我唱过这支歌，当时我请萧军把这歌词抄写在我的笔记本上，这些都于今成了我的回忆中的事情，不觉已是四十四年了矣。故人已成古人，于今痛哉。
"萧红的'悄吟'"这题目是我加上的。悄吟是萧红曾用过的笔名。
高原 81年11月23日，南京

萧红纪念卡中提到"1937年1月12日，在航行中"，指的是高原与萧红在从日本回国的轮船上巧遇。

20世纪70年代末，几乎所有萧红研究者均不知道萧红是何时回国的，我只知道萧红是1936年7月，只身东渡日本。难得的是1980年，高原到北京与萧军会面，在交谈中，知道了萧红回国的确切日期。

1936年10月19日，鲁迅在沪与世长辞，身在日本的萧红是10月22日得知这个消息的，她哭了，鲁迅慈祥亲切的面容，感人肺腑的笑声，春风一般的话语，一切都还历历在目，谁料到，萧红准备到日本去之前，7月15日到鲁迅家去告别，竟成了最后一面。想到这些，怎不让萧红悲痛欲绝呢？她要回国，必须马上回去，去见见鲁迅的亲人……

1937年1月9日，萧红搭乘日本邮船"秩父丸"号启程回国了。

萧红身穿一领黑白红三色的方块花纹衣衫，样式很特别，既不是中式，也不是日本和服，头上蒙着一条深色头巾，仅仅露出脸的中部，除眼、鼻、口外，看不见其他面容，脚蹬一双棕色小皮靴，鞋口是松紧骆驼鞍形的，没有扣带，很像男人的鞋。她这副打扮，很容易让人误认为是菲律宾人或马来西亚人。

萧红一个人或在甲板上眺望，或在舱里看书，或与同舱的华侨老人下棋，打发时光。一日三餐都准时到大厅去。她不知道每当她出现在甲板上、餐厅里，总有一双熟悉的眼睛，正注视着她。他是谁？他就是1929年认识萧红的高原。

1936年7月，萧红到日本时，高原也在日本东京。那时萧红因出版了《生死场》《商市街》《桥》后，在留日学生中颇有名气，可是高原不知道萧红就是张迺莹。有人想结交萧红，苦于没人介绍，就去找高原，说："萧红是你的老乡，都是东北人，你一定知道她的地址，请她来给我们大家讲演一次有多好啊！"高原说："老乡倒是老乡，可是我不认识萧红啊，'只在此山中，云深不知处'，奈何奈何？"

没想到高原回国时，竟与萧红坐一条船，这可真是无巧不成书啊。

高原在码头与留日的好友们依依惜别，心中想着不知何时再与他们相见，回国后也不知将流亡到何处，心中有点惆怅。忽然甲板上一位走来走去的女士引起他的注目，心想，她的情绪也许与自己一样惆怅和烦乱吧！并不由自主地关注着她……

用餐时，那位女士恰巧与高原在同一个餐桌上，不过因为是斜对面，高原看不清她的面容，却发现她用筷子吃饭，世界上除了中国人、日本人，别国人很少使用筷子的。如果是日本人，为什么不到日本人用餐处呢？她难道是中国人？高原猜想着。

吃饭时，萧红又坐在高原的斜对面，高原这时实在忍不住了，因为明天船就到目的地，再不问，没有机会了。他说："对面坐着的那位女士，很像是我的一个朋友。"

萧红听到久违的东北口音，心中一喜，立刻抬起头，问那说话的人："是说你的朋友像我吗？"

高原这回看清了萧红的脸，心中已有八九不离十的把握，她就是张迺莹，但嘴上却说："是的，您很像我的一位朋友。"

"你的朋友叫什么名字？"萧红追问道。

"她叫张迺莹。"高原一字一字地说。

萧红仔细打量高原，她的脸因兴奋而飞上了红云，她站起身，飞快地绕过长桌，来到高原面前，紧紧地抓住他的双手，说出高原当时用的名字："你是高永益？"

老友相见，分外激动……

现在让我来告诉大家，高原是怎样认识萧红的。

20 世纪 20 年代末，高原在哈尔滨法政大学预科就读，那时，他叫高永益，后来才改名为高原。恰逢此时，徐微，当时叫徐淑娟，也到这个学校读书，与高原同班，上课座位在高原的前面。在这之前，徐微在哈尔滨东省特别区区立第一女子中学校上学时，与萧红同班，而且是最要好的同学，另外一个好友是沈玉贤。

徐微住在哈尔滨道里买卖街 56 号，高原时常应邀到那儿去玩，因为徐微是独生女，家境比较优裕，性格大方，待人热情，经常邀请一些好同学、好朋友到家里来坐坐，聊聊天，特别是女中的女同学，在一起总是有说不完的秘密话。

徐微每次见到高原，老是要谈起萧红，说她的性格如何倔强，学习如何勤奋，胸襟如何豁达……萧红在高原的心目中是个了不起的女孩子。

1929 年春末夏初的一个星期天，在徐微家里，高原和当时名叫张迺莹的萧红第一次见面。在陌生男生面前，萧红的脸竟变得通红通红，像个小女孩般稚气、天真，只见她留着童花头，两眼大而有神。徐微把萧红正式介绍了一下，搞得好像高原一点儿也不熟悉她似的，但高原还是很有修养地耐心听徐微

1930 年高原准备离开哈尔滨去北京时，知道萧红也将去北京读书。这年夏天到京后，高原听说萧红在圣心中学读书，可是到学校寻找了几次也没找到。1931 年，高原在同学张逢汗带领下，找到萧红的住处，那是个四合院。两人握手，萧红拿出瓜子招待他们，并抓了把放在高原的手中，这使他很惊讶，觉得她的"风格"似乎有点变化，身体也没有在哈尔滨健康了，环顾四周，屋内非常简陋，只有一单人床、一小长桌、一小凳，别无他物了。据说她常常拿几册书，到旧书摊上去换一点钱，来维持贫困的生活。但是萧红在述说这些事情时，表现得很淡定。萧红送客人出来，风吹着她那单薄的布短衫，高原偶然抬头看见北屋有个男人抬头在张望，这就是家里为萧红定亲的汪家少爷，这一切，使来访者感到一种说不出的忧郁和压抑……

高原回来后，情不自禁地将自己所看到的都告诉在松江读书的徐微，徐微在 1931 年 10 月 24 日、1933 年 8 月 13 日的回信中均提到萧红，为她痛心。徐微说道：

迺莹，或者说是迺莹的事，对我是一把利斧！这伤痛，这鲜血，永远镂在心上，老高，我不能再说什么！还能说什么呢！
（1931 年 10 月 24 日徐微致高原信）

……你看，迺莹是生死莫测！而且即使活着也已是为密司特汪的眼泪所软化而做着"良妻"了。迺莹，是我们战线上一位很有力的斗士，现在投降了！！为了这，几乎连自己都怀疑起来……只有我们自身的分化，才是我们的致命伤！！……（1933 年 8 月 13 日徐微致高原信）

20 世纪 40 年代高原与徐微失联，高原后去了延安，50 年代在北京化工部工作，接着调到南京，他到处打听徐微在何处。终于，在嘉兴找到徐微，她当时从事卫生教育工作。从此，两人保持联系。

因为我与徐微老师通信时，她常常在信中说到高原，所以我以为高原是她丈夫。徐微老师在 1980 年 6 月 5 日给我的信中说："看着你的信，不禁失笑起来，你怎么会想着老高是我的'爱人'呢。我们年轻的时候，最烦乎男的和女的碰在一起就谈恋爱了。老高就是高原，在哈尔滨就是我们朋友圈子里的。在北平又与迺莹在一起，在日本又碰上。他是个重感情的人，60 年代初特为辗转到嘉兴去看我们，现在正在北京与萧氏父女叙旧。我的老伴就是通信本里南通的那个徐陂。"

现在，我手上只留存一封高原先生的来信，时间是 1994 年 2 月 25 日。信是这样写的：

言昭同志：

　　十年前的事情，经你提起，我还是有印象的。但当时我为萧红写了些什么，则记不得了。

　　你终于写书出版了，可喜可贺。

　　在上海文联的杜宣同志你们有来往否？他是我留日同学。

　　谨此表达敬祝

春天快乐。

高原谨上

1994 年 2 月 25 日

　　高原先生在信尾留了新的地址和邮编。我按照新地址写了封回信，可是再也没有收到来信。他信中提到"十年前的事情"，大约是指他写的文章《离合悲欢忆萧红》，不过已是十四年前写的。来往信中，高原还回答了关于我家与杜宣家来往等问题。

贾　容

　　萧红有许多朋友，其中有一位叫贾容，是东北 20 世纪 30 年代电影界的前辈，当时艺名贾小蓉。

　　现在请允许我先来介绍一下贾容吧，可能有些人还不太熟悉他。

　　贾容出生于 1913 年，祖籍安徽省怀远县，幼年随父亲出关到东北，定居在吉林省延吉县。1930 年从吉林省立第四师范学校毕业。不久，随家迁往哈尔滨，入三江会馆附设的俄语传习所学习俄语。1932 年毕业后，到道里邮局第二支局任职，负责处理俄文信件。1934 年被聘为《东三省商报》记者。

　　1931 年初冬，中东铁路职工刘焕秋组织了一批爱好电影艺术的青年，自筹资金，在哈尔滨道外大新街成立了寒光公司。据贾容回忆，这不仅是哈尔滨第一家电影公司，在整个东北地寒光公司虽然是业余性质的，但是要成为这家公司的演员，也不是随随便便就能当的，必须经过考试。那时候贾容是邮电局职员，看到广告后，想去试试，谁知一考即中。因为他从 1930 年起就酷爱戏剧，在左翼文人的影响下，经常参加戏剧演出。在 1932 年哈尔滨发生大水后的赈灾义演活动中，扮演过莎士比亚名剧《罗密欧与朱丽叶》中的罗密欧。贾容有一定的基础和舞台经验，因此考取是意料之中的呀。他白天上班，晚上到公司排练。

这些人都是业余的，不懂电影是怎么一回事，于是公司聘请了一个人来当训练员，1920 年那人在上海拍过武侠片。经过紧锣密鼓的准备，正要拍片时，突然，他要加工资，未得到应允，便辞职不干了。那人走了，没关系，刘焕秋就自编自导，摄影师请永茂号照相馆的照相技师，姓刘，摄影机用永茂号照相馆的日本货。

三年内，拍了两部默片：《可怜的她》《人间地狱》。

《可怜的她》，以哈尔滨为背景，反映追求个性解放的内容。由女演员刘云莲饰主角，贾容在片中饰演仆人。拍完后，在哈尔滨道里大西洋电影院（现已荡然无存）首映。观众看到家乡风光都很兴奋，反应强烈。一传十十传百，辽宁省、吉林省的电影院听到消息，纷纷到哈尔滨来租拷贝到当地去放。上海天一公司经理邵醉翁的弟弟邵顿人来哈尔滨后，买了《可怜的她》的拷贝，拿到南洋群岛放映。

隔了一年，1933 年，寒光公司拍了第二部影片《人间地狱》，影片反映了穷人遭受的苦难，仍由刘焕秋编导，贾容任助导。

这当中，在 1932 年末，一个叫王献斋的演员拉贾容去另外组织一家明声电影公司。贾容在寒光公司学习了一些电影方面的知识，到新公司，就自己编导了一部电影《心》，反映大学生活，可惜影片拍完，公司也因为赔本而倒闭。

那时，当电影演员很难，许多朋友因为拍电影而丢了饭碗，贾容也被邮电局开除了。他失业后，住在寒光公司的宿舍里。日本宪兵很注意"寒光"，当时有个电影演员关宏达也在寒光公司，一次日本宪兵查夜，他开门较晚，被狠揍一顿，一气之下跑到上海去了。

后来，伪满要成立"满洲映画协会"，寒光公司拒绝参加，最终在 1934 年倒闭了。

1934 年，十七岁的骆宾基来到哈尔滨，此时，有人介绍他认识了贾容，那时叫贾小蓉，在哈尔滨话剧界有点名气。他们一见面就成了亲密的朋友，在一起谈莎士比亚，谈托尔斯泰，谈《活尸》《罪与罚》，谈完戏剧又谈文学，谈丁玲、蒋光赤。贾容对骆宾基说了演戏的体会，说在演《罗密欧与朱丽叶》时，怎样在舞台上表演真正的爱情。骆宾基也把自己心中的秘密告诉他，想一边学习俄语，一边寻找去苏联留学的机会。在他俩亲密无间的接触后，贾容陪他去拜访《大北新报画刊》的编辑金剑啸，只见他有一双乌黑发光的大眼睛，西装、大领结给骆宾基留下很深印象。从他们那儿第一次听到萧红和萧军的名字。不久，骆宾基为了躲避日本宪兵队的搜查，没有与贾容和金剑啸告别，就离开了哈尔滨。

萧红与贾容的认识有点戏剧性。萧红在哈尔滨道外区升平二道街东北电影院（现已改造）看《可怜的她》，贾容恰巧坐在她后面一排。

贾容在片中扮演一个仆人，导演给了他一个大特写，把他的脸放大好几倍，连脸上的每一个毛孔都能看得清清楚楚，观众觉得很稀奇，大笑起来，萧红也乐得前仰后合。那时放映用单机，一本放完，就要停机换片，场灯亮起，这时，萧红偶一回头，发现贾容，就问："哎，你是不是贾小蓉？"

贾容忙摇摇头，回说："我不是。"

"别别，快承认吧，我家住在商市街，你来玩吧！"萧红热情地说。两人又聊了一会儿，影片继续。这次意外地相遇，竟使他们成了朋友。不久，贾容领着几个年轻演员到萧红家去玩，还见到了萧军。萧红比贾容大几岁，大家都把她当成大姐姐。萧红听说电影是他们自己拍的，非常高兴，鼓励地说："能拍自己的电影很不错，要努力啊！"

以后，贾容经常去萧家，还帮着做一些力所能及的事情。例如，两萧没钱花了，就让贾容帮他们到当铺去当衣服，等有了钱再去把衣服赎回来。

萧红把自己周围的朋友舒群、骆宾基、金剑啸等介绍给贾容。

贾容那时住在寒光公司的宿舍，舒群在离开哈尔滨去青岛之前，在贾容的宿舍里住过四五天。舒群走后十几天，一帮日本宪兵和伪满警察突然到贾容的住地检查，把屋子翻了个遍，可是没查出任何可疑的东西，只得撤走。

1981年6月，舒群和骆宾基到哈尔滨参加纪念萧红的国际研讨会。他们俩从黑龙江省艺术学校高凯峰老师处，得知贾容还在人间，住在齐齐哈尔，都非常高兴，可惜会间安排不出时间，没有去看他。倒是梁山丁特地跑到齐齐哈尔去看他，长谈了六七次。

1982 年 12 月，贾容先生因为视力不佳，双手颤抖，故请人代笔，由他口述，在萧红纪念卡上写道：

三十年代初，在哈尔滨认识的肖（萧）红。正逢她和肖（萧）军合著的《跋涉》问世，它是"普罗文学"在东北燃起的火种。这样女作家太少，死的太早了！

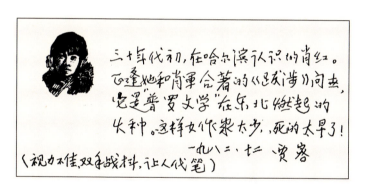

贾容先生于 1983 年去世。

我于 1981 年 6 月到哈尔滨参加纪念萧红诞辰七十周年国际研讨会期间，认识了在《黑龙江日报》工作的曾一智姑娘，我们都叫她黑妹。她父亲也是一位老作家，住在王观泉先生的隔壁，一来一往，我们成了好朋友。在她的帮助下，我才知道一些关于贾容和萧红的友谊，非常感谢她。现在估计她已经退休，不知道她在做什么，也许仍然在妙手著文章！

聂绀弩

1903 年 1 月 28 日聂绀弩出身于湖北省京山县城内一个小商贩家庭，他比萧红年长八岁。

聂绀弩可是个传奇人物，很早就接触到新文化，那是 1923 年在缅甸仰光《觉民日报》《缅甸晨报》当编辑时，在这两报的资料室读到五四时期在北京出版的《新青年》合订本，思想有了很大改变。1924 年考入广州中央陆军军官学校（黄埔军校）第二期。参加国共合作的第一次东征，东征途中留陆丰县工作，任海丰农民运动讲习所教官半年。东征胜利后回到广州，考入莫斯科中山大学，1927 年回国。1928 年在南京国民党通讯社任副主任。

就在此时，聂绀弩认识了后来成为他妻子的周颖。周颖当时在南京中国国民党党务学校第一期读书。在学校里，周颖做学习小组第一组小组长，正好聂绀弩是第一组的训育员。第一次见面，聂绀弩就给周颖留下了很好的印象，因此，周颖每次给训育处写报告时，就写聂绀弩怎么怎么好。不久，训育处就正式聘任聂绀弩为小组训育员了。

那时，有个姓赵的男士很喜欢周颖，恰好这位赵先生与聂绀弩是好朋友。有一次，周颖请聂绀弩吃饭，席间，周颖透露了自己的心声。第二天，聂绀弩送了本小说《灰色马》给赵先生。这部小说讲的是：一个男人爱上一个姑娘，他每次来会姑娘，总要拉上自己的同伴一起去，结果，姑娘爱上了他的同伴。从此，赵先生再也不来找周颖了，但与聂绀弩仍然是好朋友。

1929 年，聂绀弩与周颖在南京举行简朴的婚礼。婚后，两人聚少离多。1932 年初，聂绀弩因为抗日被迫流亡日本，于 1929 年在日本早稻田大学读书的周颖会合。在日本，聂绀弩夫妇与何定华、胡风等人组织新文化研究会，还出版反日刊物《文化斗争》。1933 年因参加左翼文化运动及留学生反日运动被日本警察逮捕，驱逐出境。在这三十多人中，只有周颖是女性，因此被人称为"万绿丛中一点红"。

萧红与聂绀弩第一次见面是在 1934 年 12 月 19 日，鲁迅在梁园豫菜馆请客吃饭。那时候，萧红与萧军从东北，经过青岛小住后，流亡到上海不久，鲁迅名义上是为了庆祝胡风夫妇的儿子满月，实际上是让两萧结识几个"可以随便谈天"的朋友。

鲁迅在 17 日即发信给两萧。19 日晚上赴宴的有鲁迅夫妇和儿子周海婴、茅盾、叶紫、聂绀弩夫妇，而作为主角的胡风夫妇却因事未来。

萧红看到聂绀弩的形象是："脸形瘦削、面色苍白，具有一双总在讽刺什么似的在笑的小眼睛，短发蓬蓬，穿了一件深蓝色旧罩袍，个子虽近于细长，但却显得有些驼背的人。"（萧军：《鲁迅给萧军萧红信简注释录》）

萧红还看到聂绀弩不断地往夫人碗里夹菜，惹得萧军也看样，不停地往萧红碗里夹菜，让萧红觉得不自在，推推他不要这样，可萧军才不管这些呢。不知道周围的客人是否注意到他们俩的异常举动。

1937 年年底，阎锡山派专人到汉口约李公朴去山西主持民族革命大学。因此，李公朴于国民党中宣部在汉口召开的会上，说了许多阎锡山励精图治的情况，说了山西临汾将要办一所民族革命大学等事宜。那天到会的都是京、沪、平、津、粤、湘、鄂的文化人，后来他们中的一些人应李公朴之邀，前往临汾教学，萧红就是其中一个。

1938 年 1 月 27 日，汉口临近汉水的一个运载货物的小车站。这天人声鼎沸，歌声此起彼伏，成千上万的热血青年登上西去的列车，奔赴战时的革命大学。蒋锡金、孔罗荪、胡风在月台上送人，他们送的是：萧红、萧军、聂绀弩、端木蕻良、艾青、田间、李又然等。

此处插一句：聂绀弩是受薄一波聘请，与艾青等人去山西临汾。（陈仕文编：《聂绀弩年谱》，载《聂绀弩还活着》，1990年12月人民文学出版社出版）

对文学的热爱，对生活的理解，对未来的追求，使萧红与同车的青年找到了共鸣点，结下真挚的友情。冬天冷，北国的冬天更冷，但这群年轻人的心是火热的，渴望着祖国之春快快来到。

萧红在车上与人激烈地争论着诗。萧红说这个人年轻，看来更有前途，她喜欢这样的诗人。另一个说他喜欢那个人，虽然有点抑郁，但比较成熟。萧红坚持自己的观点，不同意那些简单的论断。她脸色有些发红，身体有点虚弱，性格却很豪爽，说话音调高昂，几次重复自己的话。

后来诗人艾青在题为《春》中写："人问：春从何处来？我说：来自郊外的墓窟。"臧克家写了一首《兵车向前方开》："耕破黑夜，又驰去白日，赴敌千里外，挟一天风沙，兵车向前方开。兵车向前方开。炮口在笑，壮士在高歌，风萧萧，鬃影在风里飘。"这些诗写出了他们当时的心情。

2月6日萧红和这批后方来的文化人终于到达临汾。

阎锡山自任民族革命大学的校长，请李公朴担任副校长，全面管理学校的教政。李公朴是著名的"抗日七君子"之一，在人民中有很高的威望，而且正想对抗战教育作个实验。于是他就各处奔走，为民族革命大学拟就创立纲领，并约了许多知名人士来校执教。可是事情并没有李公朴想得那么简单。民族革命大学当时还没有校址，只是挂了块牌子，什么准备也没有。学生却从四面八方涌来，竟多达五千人。李公朴眼看着同学们的生活和学习异常混乱，他却插不进手，非常着急，于是发表了《致民大同学的一封公开信》，号召同学自己管理自己，自己管理学校，坚决贯彻执行民大创立的十大纲领。那时，萧红、萧军、端木蕻良在校担任文艺指导员。

每天清晨，短促有力的军号声一响，全体师生立刻起床集合，跑步，做操，展开各种活动。唱着《救国军歌》："枪口对外，齐步前进！不伤老百姓，不打自己人！我们是铁的队伍，我们是铁的心，维护中华民族，永做自由人！……"这首歌由塞克作词，冼星海作曲，在抗日战争中广为传播，鼓舞人们的斗志。

聂绀弩于1938年2月15日给胡风的信中，说到了当时的情景："我与端木、萧夫人在此工作，惟前工作尚未分配，仅出席几次课外文艺活动指导，情形甚佳。我曾讲一次新文学问题，亦似能得听众欢迎。日来正从事学生文化团体合并及教授文化人等组织工作，以便对外发生影响。此地书籍刊物太少。仅有《解放》《新华》，往往一抢而空。"

1938 年 2 月间，晋南战局起了变化，日本准备进攻临汾，民族革命大学要往宁乡撤退。学校的教授可以随校一起撤退，也可以随丁玲和吴奚如的西北战地服务团去西北，只有萧军一人愿意留下。

丁玲要聂绀弩、萧红、塞克、端木蕻良等人和她一起到西安去搞宣传活动。聂绀弩这时有个新想法，对萧红、塞克、端木蕻良几个人说："目前正是时候，我们可以成立一个'萧红服务团'，到各省市去开展抗日活动。"萧红当即就反对，说自己身体吃不消，担负不了这个任务。聂绀弩说事务性活动，可以由大家来干，只要她担个名就行。萧红表示话是这么说，那些必然要临到头上的联系，都是摆脱不了的。她讲："我的任务，还是要写出东西来！"聂绀弩看萧红那么坚决，只得做罢。（端木蕻良:《"山阴道上"》）

离开临汾的那天晚上，萧军送萧红、聂绀弩、丁玲、端木蕻良到火车站，当他们上了车，萧军拉着聂绀弩在月台上说话，他要和这位当年鲁迅介绍给他的朋友好好谈谈心里话。

萧军说:"时局紧张得很,临汾是守不住的,你们这回一去,大概不会回来了。索性就跟丁玲一道过河去吧!这学校(民大)太乱七八糟了,值不得留恋。"

"那么你呢?"聂绀弩问。

"我不要紧。我的身体比你们好,苦也吃得,仗也打得。我要到五台山去。但是不要告诉萧红。"

"那么萧红呢?"聂绀弩有点意外,平日里他俩虽说有些疙瘩。在烽火四起的战争年代,今天不知明天的事,丈夫怎么能不和妻子在一道呢?

"哦,萧红和你最好,你要照顾她,她在处事方面,简直什么也不懂,很容易吃亏上当的。"

"以后你们……"

"她单纯、淳厚、倔强、有才能,我爱她。但她不是妻子,尤其不是我的!"萧军说到这儿,声音都有点发颤了。男人一旦动起感情来,比女人还要脆弱。聂绀弩感到事态有点严重,难道朋友们在传的事是真的吗?他不敢相信,问:"怎么,你们要……"他"分手"两个字还没说出来,萧军就打断了他的话。"别大惊小怪！我说过，我爱她，就是说我可以迁就。不过这是痛苦的，她会痛苦，但是如果她不先说和我分手，我们永远是夫妇，我决不先抛弃她！"

萧红虽然坐在车厢里，但目光始终没有离开过萧军。车站是如此的荒凉、杂乱，就和她此刻的心情一样。萧军走过来，并不是找萧红，而是找聂绀弩的。萧红的心在呻吟，无泪的大眼睛里充满了忧伤，她看见两个男人在月台上走来走去，一个仍是满脸的男士尊严，当中不时地透出几丝痛苦，一个是一脸的惊讶。

在聂绀弩与丁玲到延安之前，萧红曾向他倾吐过心中的苦痛，与萧军、端木蕻良的关系。萧红对聂绀弩有一种小妹信赖、依恋大哥的情结，因此会将自己最私密的事告诉聂绀弩。

那天月色朦胧，萧红穿着酱色旧棉袄，外披着黑色小外套，帽歪在一边，长发在晚风中飘动，她和聂绀弩走着，手中的小竹棍随便地敲着电线杆子和树。她说："我爱萧军，今天还爱，他是个优秀的小说家，在思想上是个同志，又一同在患难中挣扎过来的！可是做他的妻子却太痛苦！我不知道你们男子为什么那么大的脾气，为什么拿自己的妻子做出气包，为什么要对自己的妻子不忠实！忍受屈辱，已经太久了……"

他们在马路上来回地走，说了很多，夜色已经很晚，最后，萧红说："我有一件事要拜托你！"聂绀弩问她什么事，萧红举起手中的小竹棍说，这是她一两年前买的，"今天，端木要我送给他，我答应明天再说。明天，我打算放在箱子里，却对他说是送给你了，如果他问起，你就承认有这回事行吗？"聂绀弩一口答应，并意味深长地说："飞吧，萧红！记得爱罗先珂童话里的几句话吗：'不要往下看，下面是奴隶的死所！'"

没过几天，聂绀弩又在马路上碰见萧红，萧红一定要请他吃饭。进饭馆后，替聂绀弩要了几个他最喜欢的酒和菜，然后默默地望着他吃，好像在看她那久别了的兄弟是不是还和以前一样好胃口，目光是那样含情，看得聂绀弩有点不好意思，他说："你也吃呀。"萧红摇摇头说："你吃，我不饿。"

萧红看着他吃了满满的三碗饭后开口了："要是我有事情对不住你，你会原谅我吗？"

"你怎么会有事对不住我呢？"聂绀弩觉得奇怪，便问道。

"我是说你肯吗？"萧红有点撒娇似地说。

"没有你的事我不肯原谅的。"聂绀弩肯定地回答。

"那个小竹棍儿的事，端木蕻良没有问你吧？"

"没有。"

"刚才，我已经送给他了。"

聂绀弩听后，有点急了，说："怎么，送给他了！你没有说已先送给我了吗？"

"说过，他坏，他晓得我说谎。"

聂绀弩一愣，好像要挽回什么，又反问："那小棍儿只是一根小棍儿，它不象征着旁的什么吧？"

萧红想掩饰什么，"你想到哪里去了？"故意安慰聂绀弩，"早告诉过你，我怎样讨厌谁。"

聂绀弩记得萧红以前曾常常对他说，端木蕻良是胆小鬼、势利鬼、马屁鬼，一天到晚在那里装腔作势，她讨厌他。

但是聂绀弩还是不放心，又试探道："你说过，你有自我牺牲精神！"

"怎么谈得上呢？我是在谈萧军的时候。"

"萧军说你没有处事经验。"聂绀弩还在提醒萧红。

"在要紧的事上我有！"萧红话说得很坚定，但聂绀弩听得出，她的声音有点发颤。

1938 年 4 月，萧红和端木蕻良回武汉去了，在火车快开的时候，聂绀弩推开人群，对萧红大声说："萧红，你是《生死场》的作者，是《商市街》的作者，你要想到自己文学上的地位，你要向上飞，飞得越高越远越好……"这是朋友的肺腑之言，萧红听了心一热，眼泪差点掉下来。火车启动了，聂绀弩向萧红做着飞的姿势，又用手指天空，她笑着点点头，向聂绀弩、田间等朋友挥挥手告别。此时，萧红的脸在笑，心在哭，她想起了自己写的诗：

我胸中积满了沙石

因此我所想望的只是旷野高天和飞鸟

走吧

还是走

若生了流水般的命运

为何又希求着安息！

从异乡又奔向异乡

在愿望该多么渺茫

而况送我的是海上浪花

迎接我的是异乡的风霜！

在西安这段时期，萧红与聂绀弩谈了很多，他们曾谈到鲁迅的作品，谈到鲁迅对萧红的呵护和希望，谈到聂绀弩的作品。现在这一切都已远去，只留在聂绀弩的文章里，那是 1946 年 1 月 20 日聂绀弩在四川写的《在西安》，留在人们的脑海里，永远，永远⋯⋯

1946 年 1 月 23 日重庆《新华日报》第 3 版上刊一文章《是谁夺去了人民的女作家，东北文协纪念萧红》，报道了 1946 年 1 月 22 日下午 2 时，在中苏文化协会举行女作家萧红逝世四周年纪念会。聂绀弩去参加了，到会的有郭沫若、茅盾、冯雪峰、骆宾基、胡风等八九十人，并相继发了言，高度评价萧红的作品及一生反抗的精神，都一致为她的早亡而痛惜。

1980 年初，聂绀弩为我的萧红纪念卡题词，那是一首词。词如下：

浅水湾头浪未平
秃柯树上鸟嘤鸣
海涯时有缕云生

欲织繁花为锦绣
已伤冻雨过清明
琴台曲老不堪听

浣溪纱

淺水灣头浪未平
老榕树上鸟嘤嘤
海涯时有绮云生

欲织繁花为锦绣
已伤凍雨送清明
琴台曲老不堪听

于肖红墓上
聂绀弩

这是聂绀弩 1951 年离开香港，到萧红墓告别时写下的，题目为：《浣溪纱·扫萧红墓（在香港浅水湾）》。

1958 年聂绀弩在反"右"运动中，被错划为"右派"，送北大荒劳动。1960 年回北京，安排在全国政协文史资料委员会工作，同年摘掉"右派"分子帽子。1964 年他去南方，到广州时，去银河公墓祭奠萧红。当他看到墓碑上的萧红遗像，悲从心中而来，想起与萧红在一起聊天的情景，还历历在目，现在……

聂绀弩回北京后，写了《萧红墓上》六首七律诗，编《散宜生诗》时，保留的四首题为《再扫萧红墓（四首）》。其中写：

匍匐灵山玉女峰，
暮春微雨吊萧红。
遗容不似坟疑错，
碑字大书墨尚浓。
生死场剩起时懦，
英雄树挺月君风。
西京旧影翩翩在，
侧帽单衫鬓小蓬。

聂绀弩请画家尹瘦石为萧红写真画，这是依照聂绀弩珍藏的一张萧红早年照片摹绘的。世人多知尹瘦石以画马著称，却不知道为人物造像更是他所长。画上的萧红，披肩长发，刘海齐眉，嘴角微微下垂，沉静而刚毅，平视的目光似乎能够洞察世界。据尹瘦石说，这是他生平最满意的作品之一。

又请书法家陈迩冬将聂绀弩的六首七律，题写在画像旁。尹瘦石原以为聂绀弩会自题其诗于画上，结果聂绀弩拉陈迩冬来题写，聂绀弩说多一个人有意思。

聂绀弩自己仅在画像左侧题了三行字：

萧红早年像
瘦石据照片摹
迩冬书绀弩扫墓作

待装裱时，聂绀弩又在画像上方补了一个条幅，题诗一首，并附跋语：

与君曾近五千里，
乃有斯篇待寄君。
画与书诗惟两绝，
人间尔我半终分。
友朋情谊何生死，
今昔江山迥旧新。

大任难胜萧女传，

港中高旅最高文。

慎之见拙作吊萧红诗后，动议我为萧红作传。我思此事慎之自为尤佳，因将此轴寄赠，藉促命笔。

绀弩于北京

六四年十二月廿日

下书诗六首，第二首"初终"误"初衷"，第三首"跟"误"来"，第六首"灵魂说"改为"灵魂有"。前二首之误乃迳以报刊付迻冬，未加校阅也。

绀弩附记

诗中"慎之"为高旅又一个名字。

诗、书、画的有机结合，展示一种艺术，也深刻地意味着萧红与聂绀弩超乎友情的兄妹之情。1997 年这幅艺术品已由香港珍藏者、著名作家高旅捐赠给市政局图书馆。

梅　林

　　"文化大革命"结束后，我因要写关于萧红的文章，便翻阅了一些书报杂志，在不少文章中，有摘录梅林《忆萧红》的材料。我很想看看原文，但一直没找到。我想，既然文章找不到，不妨找找作者本人吧。我在丰村伯伯那儿得到梅林的地址，回家后，我立即发了封信，可是等了好几天，毫无音讯，于是重又去打听，才知道我把弄堂号码搞错。这次我不写信，直接"闯"到作者家中去了。

　　1979 年 12 月的一天，我骑着自行车，从建国西路一路往东，在建国东路一条弄堂里找到梅林家。我轻轻地敲敲门，里面传来一个苍老的男声："谁呀？"

　　"我……我是……"我还没来得及介绍，就听见："进来吧。"

　　门没锁，我推门进去，他家在底楼，光线不太好，一进门，我依稀看到在屋子中央的床上躺着一位老人，床的附近有辆轮椅，他就是我要寻找的梅林伯伯。当时，他七十二岁，1970 年在"五七干校"劳动时，得了半身不遂病，经过治疗有所好转，能够起来走走，有时还可以坐轮椅到作家协会开会。

见到我这个不速之客，他挣扎着要起来，我连忙制止，并为我的冒失闯入觉得难为情，我结结巴巴地说："您住址是丰村伯伯告诉我的。"梅林伯伯笑了，说："知道，知道。"原来丰村伯伯已与他打过招呼。

我把我的来意说明后，他很高兴，立即请老伴将书拿出来给我。我接过书，立即翻到《忆萧红》一文，再看看封面，上面写着《梅林文集》，1948 年 1 月上海春明书店出版，这是抄家后归还的幸存书啊！当他允许我把书借回家的时候，我怕他身体不好，不敢多打扰，急急忙忙起身告辞。

我到家即拿出稿纸和笔，忙不迭地将《忆萧红》全文抄下来，这天是 1979 年 12 月 28 日。12 月 31 日我第二次到建国东路去还书时，才看清梅林伯伯的面貌。那天，他坐在靠窗的写字台旁，窗台上的盆景飘来阵阵清香。他略胖的身体深深地埋在厚实的棉衣里，眼镜片在柔和的阳光下一闪一闪。梅林伯伯本姓张，是广东人，说着口齿不甚清楚的普通话，听觉却好。

这次，我可不像第一次访问那样拘谨，怕失去发问的机会，竟提出一连串的问题："你怎么认识萧红的？萧红的性格如何？萧红在青岛干什么工作？萧红怎么会想到给鲁迅写信的？后来什么时候离开青岛到上海来的……"梅林伯伯听着我连珠炮似的发问，还没开口先笑出了声，笑声打断了我的问话，我突然意识到，自己几乎忘了他是个半身不遂的病人，不能进行紧张的工作。还没等我道歉，梅林伯伯说话了："慢慢来，慢慢来，让我先回答哪个问题呢？"

"随便。"我低着头，不好意思地说。

"那好吧，咱们从头谈起吧……"

1934 年夏天，梅林有个朋友刘君，因为他长得胖，大家都称他刘胖子。刘胖子在青岛接办《青岛晨报》，由于此人平日爱好文学，可是不会办报，就邀请梅林去当编辑。这样，梅林就离开生活三年的烟台，来到青岛。那时，萧军和萧红也在青岛，他们是 1934 年 6 月中旬来青岛的，比梅林先到。萧军在报社当报纸副刊主编，萧红主编《新女性周刊》，还专为报纸写稿，梅林在认识萧军的同时也认识了萧红，他们互称："三郎""悄吟""阿张"。

萧红生性活泼，为人真挚、坦诚，梅林对她很尊敬。萧红长得瘦瘦高高的，脸有点苍白，一双大眼睛挺有神，梳着两条短辫，有时萧红喜欢用天蓝色的布条扎在头上。萧红和萧军生活很艰苦，萧红穿的都是旧衣服，经常穿布旗袍、西式裤子，在青岛期间，梅林从没见过她做过一件新衣服，脚上穿的经常是一双后跟已磨去一半的黄皮鞋。

《青岛晨报》的社址不在海边，在靠近商业区的地方。那时，梅林住在报馆里，萧红和萧军住在观象一路一号，这是舒群夫妇预先为他们租好的房子。

大约是爱好文学的共同兴趣，使他们相处得非常和谐，梅林从住处走到萧家，要走一刻钟光景。在他们住房附近有个日本领事馆，梅林每次经过那里，就想起日本侵占东北三省的罪恶行径，心中非常反感。到萧家，总要愤愤地讲上一通。

梅林常和两萧同去市场买菜，回家做俄式的大菜汤，萧红用有柄的平底小锅烙油饼，这是她的保留节目，拿手好戏，大家吃得津津有味。饱餐一顿后，他们常常到大学山、栈桥、海滨公园、中山公园、水族馆逛荡，高兴起来拉开嗓门就唱"太阳起来又落山哪"……有时，还会下海游泳。萧红不会游泳，站在齐胸深的浅滩里，捏着鼻子，闭着眼睛，沉到水底下，折腾了一阵，然后抬起头，大声地问："是不是我已经泅得很远了？"梅林瞧了她一眼，毫不客气地说："一点儿也没移动。"同时要她学萧军的样子，像球一样在水面上滚动。萧红看了看正在游泳的萧军后，说："他那种样子也不行，毫无游泳法则，只任蛮劲，拖泥带水地瞎游一阵而已……我还有我自己的游法。"说完，她又捏着鼻子钻到水底下去了。

青岛有官办和私办的通讯社，私人办的通讯社每天收听无线电后，就将消息记下来，和采访来的稿件一起油印出来，送给各报馆选用和参考，以此来挣钱。有一次，萧红拿了支钢笔，在八开大的通讯稿背后，几笔勾勒出一个人头：披着长头发，长长的睫毛，大大的眼睛，小小的嘴巴。画完，萧红把笔一掷，说："我最不喜欢这样的女人了。"说得大家都笑起来了。

萧红在青岛玩得很痛快，但她没忘记手中的笔，依然有着强烈的创作冲动。萧红在哈尔滨发表的《麦场》《菜圃》，后来都放入中篇小说《生死场》。

梅林到青岛后，曾读过萧红发表在《青岛晨报》上的一篇小说《进城》，后来又读了《跋涉》，觉得作者文笔清丽纤细，下笔大胆。当他把这种感觉告诉萧红后，她问："啊，是这样吗？是不是女性气味很浓？"

"相当地。"梅林说，"但是这有什么要紧？女性有她独特的视觉与感觉，除了思想而外，应该和男性不同的，并且应该尽可能发展女性的特点，在她的作品里。"萧红觉得梅林的话很有道理，所以当她完成《生死场》后，就把原稿请梅林看看。

梅林以读者和朋友的身份发表点议论，他去还《生死场》原稿时，萧红问："怎么样？阿张。"

"感觉还好，只是全部结构缺少有机的联系。"梅林坦率地说。

"我也这样感觉的。但到现在为止，想不出其他方法了，就让它这样罢。"萧红倒也不生气，爽朗地说。

梅林在20世纪20年代就参加了共产主义青年团，曾任共青团梅河区委宣传部长，还坐过牢。梅林在烟台当葡萄园管理员时，经常看左派杂志，注意文艺战线上的论战。在烟台，梅林当过《东海日报》副刊编辑、《复兴日报》总编辑等职。

梅林从左翼友人口中得知鲁迅先生常去内山书店。梅林与两萧是好朋友，常常谈心，所以给鲁迅写信的事，他们也一起谈论过。梅林说："你们只要写上海内山书店，周树人收，鲁迅就能收到，直接写鲁迅先生不行。"那时候，梅林并不认识鲁迅，只是看了一些文章，觉得鲁迅先生就像圆规，青年们都向着他，写信给鲁迅，一定会得到他的指导。

荒岛书店是刘君接办《青岛晨报》以前办的，就设在去海滨花园的路上，靠近住宅区，山东大学的学生常去买书刊。书店的名字是梅林在烟台帮他取的，因为 1928 年梅林在吉隆坡搞学生工作时，曾经在许杰编的《枯岛》副刊（系《益群》报的文艺副刊）上写稿，由此想到青岛也是个进步文化比较荒凉的地方，何不取名荒岛书店。孙乐文是刘君的妻舅，也在书店工作。孙乐文在上海内山书店见过鲁迅，建议萧军、萧红可以用荒岛书店做通讯处。

1934 年 10 月初，萧军、萧红给鲁迅写去第一封信，10 月 9 日即收到鲁迅回信。信封上写："青岛广西路新 5 号荒岛书店转萧军先生。"下面落款："上海李寄，10 月 9 日。"为什么写李寄？不写周寄呢？大概是为了安全起见吧。

1934 年初秋，舒群夫妇先后被捕。10 月初，《青岛晨报》一外勤记者，在报道一艘轮船的消息时，被人说是夸大了事实，有人要来抓他，于是他就离开报社出走了。接着经理刘胖子也离去，报纸停办，最后只剩下梅林和萧军、萧红。面对这无人负责的报馆，他们仨也决定离开青岛去上海。临走前，梅林和萧红把报馆的两三副木板床及木凳，装在一架独轮车上，准备去卖掉。梅林对萧红说："木床之类，我们还是不要吧？"萧红却很认真地说："怎么不要，这至少可卖十块八块。"她睁大眼睛往四周看看，目光停留在门窗上，又说："就是门窗能拆下来也好卖的。管它呢。"萧红的性格就是这样爽朗、干脆。当然，他们后来并没有把门窗拆下来去卖掉。

1934年11月1日，梅林和两萧乘日本船"共同丸"，动身去上海。他们坐在底舱，迎面扑来一阵臭气难闻的味道，原来那是专门堆放咸鱼、粉条等杂物的货舱。他们一路上说笑着，啃着干粮，来到上海。

第二天，他们在外滩码头上了岸，马上在附近找了个廉价的小客栈，安顿好行李，然后分头去找房子和朋友。当天晚上，两萧就住在小客栈里。梅林到法租界的环龙路（今南昌路）找到少年时代的同学杨君，在那儿住了一宿。翌日，赶到小客栈去找两萧。到了小客栈，不见他们人影和行李，只见桌上有一张钢笔画的地图，梅林一眼就认出那是萧军画的。上边很详细地画了方向、路标、弄堂如何拐弯等图案。萧军进过讲武堂，对画地图很内行。这张地图梅林一直留着，作为纪念，但在"文化大革命"中被抄走，被抄走的还有几张照片，一张是萧红和萧军的合影，他们肩并肩站在哈尔滨道里公园门口的照片，大约二寸大小；另一张是六寸的照片，萧军、罗烽、舒群三人站着的半身照。这两张照片，在1978年掀起的"萧红热"中重新出现，梅林也看到了，感到很欣慰。

那天，梅林拿着地形图，按上边标的线路，一路上问了好几个行人，终于找到他们的住处——拉都路（今襄阳南路）283号。这是个街面房子，楼下是一个叫"永生泰"的小文具店，门面只有三米宽，卖纸、笔、墨等。萧红和萧军住在二楼一间南北方向长形的大亭子间，东面有两扇窗，上楼可不经过店铺，从侧门直接上楼很方便。两萧先交了九元租金，并让二房东开张收据，以免到时赖掉不认账。因为他们在东北和青岛时，常听人说上海人"刁狡""门槛精"。

1981年5月31日，我曾去实地考察过，当时襄阳南路283号一带居民房子正在大修。最近，我又去观察了，发现那一带都变成小商店，有照相馆、面包店、熟食店、洗染店……283号是上海"三枪"服装店。

萧红和萧军在283号住了一个月不到，即搬到拉都路411弄22号二楼，那条弄堂又称复显坊。弄内总共有二十多幢房子，都是坐北朝南的石库门房子，围墙比较矮。两萧住的22号，在弄堂右拐弯凸出的角上，属北边最后一排，当年房主量地造房，最后一排房屋面积都比较狭小。283号这幢房子，既没有石库门（前门），也没有天井，只有后门。

为了了解这条弄堂的情况，我找了住在弄内20号的中学同学陈钧凯的父亲陈锡祺，他出生于1913年，当时在上海铁路局上海东站工作。他介绍了一些情况，这里住的有看门人、查票员、巡捕房里的"包打听"（暗探），或者干其他不正当职业的人，还有好几家白俄，22 号里就住着白俄。鲁迅曾告诫过两萧："万不可以跟他们说俄国话，否则怕他们会疑心你是留学生，招出麻烦来。他们之中，以告密为生的人们很不少。"（1934 年 11 月 20 日鲁迅致萧红、萧军信）

拉都路当时已是上海市区法租界西南角的边陲，房屋稀少，夹着荒地、菜园和坟墩，路上行人极少，显得荒凉。马路朝西的半边是煤屑路，东半边是柏油路，没有公共汽车。在法租界内行驶的 22 路公共汽车，本身是紫红色的，俗称"红汽车"，只通到逸园跑狗场（今文化广场），直到 1939 年左右，才通到襄阳南路上来。

梅林在上海没什么亲戚，所以也没什么地方可以串门，他就经常到两萧家去，好在走过去也不远。他从环龙路右拐，沿着拉都路朝南，穿过辣斐德路（今复兴中路）、西爱咸斯路（今永嘉路），就可以到他们家。

他们有时上街逛马路，有时在家写作，有时三人一起走出弄堂往南走，有一条小马路（今建国西路），是用小石子铺成，高低不平。道上有卖菜的，他们就买些卷心菜、洋山芋等，回去做罗宋汤，撒点花椒。萧红则在木柄平底小锅上做烙饼，大家吃过以后，再进行工作。生活虽很艰苦，但很愉快。

后来，我把梅林伯伯的几次谈话整理成文，投寄给《东北现代文学史料》，不久刊登在1980年4月出版的第二辑上。我收到杂志后，立即去看望梅林伯伯。这天，他特别高兴，我理解他当时的心情，因为这恐怕是他"文化大革命"后头一次在刊物上出现名字，人们没有忘记他，他对文学贡献过自己的力量。

随着交往次数增加，我们逐渐熟悉起来，我们除了谈萧红，还谈到其他现代作家，如老舍、田汉、端木蕻良等，他说，你想知道任何一个作家，我都可以讲给你听。他还讲了一件事，我印象很深，他说，那时，赵清阁写给老舍的信，还在他那儿。因为我当时没有研究老舍，便没有向他借来看看。梅林伯伯去世后，我曾经打电话给他儿子，问起这些信，回说家里东西很乱，待以后有空时，再找找看，但是直到现在也没有下文。

梅林伯伯生于1908年，是20世纪三四十年代相当活跃的作家，著有短篇小说集《婴》《乔英》《疯狂》《敬老会》，报告文学《烟台烽火》及《梅林文集》。他更是文学界尽责的组织工作者，抗日战争时期梅林从重庆到上海，一直是中华全国文艺界抗敌协会（文协）的秘书。他在重庆曾经遇见萧红，那时，萧红已与萧军分手，和端木蕻良在一起，朋友们对她的选择有异议。有一次萧红见到梅林，突然没头没脑地冲出一句话："是因为我对自己的生活处理不好吗？"

"这是你自己个人的事。"梅林淡淡地说。

"那么，你为什么用那种眼色看我？"萧红这天不知为什么，很想问个究竟。

"什么眼色？"梅林明知故问。

"那种不坦直的，大有含蓄的眼色。"萧红见梅林装糊涂，干脆点明了。

这下子梅林被击中要害，默默无语。

"其实，我是不爱回顾的。"萧红见梅林默然，就开始解释，她继续说："你是晓得的，人不能在一个方式里面生活，也不能在一种单纯的关系中生活。现在我痛苦的，是我的病……"梅林知道她说的病，是指身孕，即她与萧军的孩子，听说后来生下后死了，此是后话。

当然，萝卜青菜个人喜好，况且异性之间的感情，有时如震天动地的火山爆发，有时像涓涓细流，这种微妙感情，只能意会无法言传。

那时老舍以文协总务部主任的名义主持会务时，处理文协日常事务的就是梅林，老舍戏称他为"咱们的大管家"。

1955 年梅林莫名其妙地株连入胡风案，关了一年多，后分配到由新文艺出版社分出来的古典文学出版社，他本来话就不多，经过 1955 年的折腾，似乎更沉默了。他的好友何满子评价他："梅林是一个负责踏实的人，圈子里的人都信赖他。他平时讲话不多，只是老实、恳挚地做事。""梅林为人正直、朴素和老实。他的文字亦如其人，没有矫揉作态的花哨，但不乏潜藏的激情。"（何满子：《琐忆梅林》，载 2004 年 3 月出版《世纪》2004 年第 2 期）

我最后一次见到梅林伯伯，是 1986 年 7 月的一天，我和上海教育出版社的周忠麟一起到华东医院去看望他，顺便想问问是否愿意把他与妻子的通信给我一封。在这之前，我已征得他爱人的同意，答应给我，但她表示一定要得到丈夫的同意才能给。当时我正和周忠麟、陈思和商量编一本《写给爱人的信——中国现代作家家书集》，那时，已收集到丁玲致陈明、朱雯致罗洪、王西彦致周雯等信。可惜梅林没有同意，我本来想，过几天去时，再与他商量商量，谁知道，没过几天，我在 1986 年 8 月 2 日《解放日报》3 版上，读到一则消息为《梅林同志逝世》："原上海新文艺出版社副总编辑、上海古籍出版社离休干部、中国作家协会会员、上海作家协会理事梅林同志因病医治无效,于 1986 年 7 月 29 日在上海华东医院逝世,享年七十九岁。"我们编辑的这本书由贾植芳作序,于 1987 年 9 月山西人民出版社出版,遗憾的是,里面没有梅林伯伯的信⋯⋯

现在留在我手头的除了与他的合影外,还有一张萧红纪念卡,上面写道:

萧红的创作道路是宽广康庄的。萧红的生活道路是坎坷不平备受折磨的。

这天恰巧是我的生日。

苏红的创作道路是宽广康庄的

苏红的生活道路是坎坷不平偹受折磨

梅林
一九八二、六、上海

黄　源

黄源原来叫黄河清，我们都称他为河清伯伯。

1982 年我请河清伯伯为我的萧红纪念卡题词，他在 10 月 26 日写道：

> 肖（萧）红，肖（萧）红，我们最后一次握别，是一九三九年初在武汉的车站上，你送我回长沙，你知道我即将去前方，激动地说："河清大不一样，投入战斗了。" 数十年来，我还记着。

这里，河清伯伯记忆有误，应该是 1938 年初。1938 年元旦，河清伯伯在武汉参加周恩来主持的文艺界新年座谈会。年初在武汉出版《随军生活》，他当时的妻子许粤华在长沙生下一个女孩，由张天翼和钱君匋坐黄包车送育婴堂，解放后多次寻找没找到。不久，河清伯伯作为《中央日报》和《新华日报》的特约记者回到萧山、海盐一带采访。之后他去金华，8 月到达皖

南新四军军部。1939 年初，随陈毅到敌后茅山地区，因此，当年不可能在武汉。

我与河清伯伯通信，开始于 1977 年，起先我向他请教的并不是关于萧红的事宜，而是关于鲁迅的，例如鲁迅与《奔流》、鲁迅与波艇等人事关系，特别是鲁迅到劳动大学演讲的情形，当时是河清伯伯记录的，所以去信请教。

父亲丁景唐告诉我，黄源是鲁迅的学生，1927 年 10 月 25 日，第一次见到鲁迅，但真正开始交往，已是鲁迅的晚年，即 1934 年至 1936 年的最后三年。仅见于《鲁迅日记》记载，他们互通书信、相互走访、投寄稿件的次数达一百五十多次，其中黄源到鲁迅寓所有七十六次，黄源致鲁迅二十七封，而鲁迅致黄源五十七封，实际上来往的次数远不止这些。

那时候，我经常将发表的文章寄给河清伯伯指教，几乎每次都能收到回信，总会看到他的点评。

1978年第1期《南京师院学报》上，刊登我的文章《鲁迅和朝花社》，我立即寄给河清伯伯。他来信中说："六张纸的信收到。《南京学报》及信都也收到。你的文章拆开即读，很满意。对我也有帮助，因为我久未看到《朝花》，虽则有个概念，但不具体。根据你的文章看，《译文》文与图（木刻）都是《朝花》的发展，虽然是质的飞跃，假如你拿这两者来比较，可以看到相同之处，而又有区别。"接着河清伯伯婉转地说："你没有把《写于深夜里》鲁迅先生对柔石的怀念的感情写进去。"他说到了自己的感受："我读到此处，感情总要激动起来，你在此文中可以把这无产阶级的革命感情，移入进去，使文情并茂。你的文章，事实、说理都有力，你对鲁迅扶植后一辈也说的，但不具体化，感受力就减弱了。"（1978年4月1日黄源致丁言昭信）

1980年第1期《社会科学》上，我与上海鲁迅纪念馆的陈友雄合作发表《中国民权保障同盟会的成立与活动》。父亲到杭州去时，把文章带给河清伯伯。他收到后，给我的信中说："你爸爸带给我有你的'民权同盟'的文章的《社会科学》，他写道：'看看小丁的文章，也可让你高兴。'真的，我非常高兴地今晚读完了你们的文章，1933年民权保障的活动，鲁迅从同盟成立到杨杏佛丧礼，自始至终积极参加，所以宋庆龄对鲁迅也是钦佩爱护之至。这篇文章中的内容，是记载同盟活动最详细的一篇，读之收获很大，这也是我读你的文章中最使我高兴的。"信尾写道："你的老公公，1980年4月29日夜10时50分读你文章后写的。"

凡是我写文章时，碰到弄不明白处，总是问河清伯伯，他就好似一位"问不倒爷爷"。1978年父亲给我出了个题目，让我写写左联五烈士之一的李伟森。李伟森曾编过《少年先锋》杂志，这个刊物属于一级革命文物，很难看到。后来父亲请朋友为我开了"后门"，到上海一大会址纪念馆去，看到了全套《少年先锋》。但是一些细节弄不清楚，于是，我写信给"问不倒爷爷"。

1978年12月14日夜11时，河清伯伯在信中说："你写《李伟森和〈少年先锋〉》，你对李伟森有什么问题，留着，我认识他的夫人，是我的老朋友，可是现在他是她的前夫，不熟悉的人，不便访问，你把问题留着交给我，我有便去访她时偷偷地问她。"

后来，我综合了李伟森的资料，写了一篇很长的《李伟森和〈少年先锋〉》，可惜在1981年10月20日《社会科学》第5期上发表时只用了其中一小段。

1973 年 1 月 6 日我到上海木偶剧团报到后，除创作剧本外，业余时间进行现代文学研究，我将它称为种"自留地"，写剧本称为"大田里的活"，河清伯伯把它称作"公家田"。

1978 年 4 月 1 日河清伯伯信中写道："你的公家田，任务是繁重的。这我有体会。过去我们搞了公家田，就放弃自留地，所以我们过去就个人来说，一无成就，个人被打倒，变成一片白地。你能搞点自留地，是了不起的。因为在外的粗线条的工作，和做这种精耕细作的科学研究，是很矛盾的，你能克服，很好，我拿此来教育我的孩子，他们都比不上你。"接着，他帮我分析自留地和公家田的矛盾，并告诉我如何解决这对矛盾。他说："问题在于持久，你有搞二三十年的长征的宏伟大志吗？你也能设想一个三年、五年、十五年的近景远景规划吗？中国女同志并非没有才能，大半做了主妇、母亲，事业寄托在丈夫儿女身上，自己的成就就不显著了。我是看了你文章，希望你坚持努力下去。好吗？"

好的，当然好的！我不是坚持到现在吗！

我在工作中遇到难题，就向河清伯伯求救。1985 年上海要举行莎士比亚戏剧节，我们剧团也想参加，但不知道选哪个剧目。我马上想到河清伯伯，去信后不久，他来信，说："木偶剧团能参加莎士比亚戏剧节，是别开生面的，剧目问题，我写信请教张君川教授，他才是莎氏专家，会出主意。我给他的信，寄给你，直接去找他，答复可能快一点，如何。他住在戏剧学院。"（1985 年 10 月 28 日黄源致丁言昭信）我拿着信找到张教授，后来我们选中《第十二夜》，与另一个编剧陆扬烈合作，将剧名改成《孪生兄妹》，作为展演剧目。那时，《人民日报》登了一大版进行宣传。

与河清伯伯第一次见面，是在 1979 年 4 月 10 日。那天，我接到一个电话，让我到山阴路去，河清伯伯在那儿等我。我约了好朋友小红，还有当时从西安来沪住在我家的郑季敏，她是创造社元老郑伯奇三女，我们一起先到他儿子家，然后同去鲁迅纪念馆、故居、虹口公园。我们一路走一路说，走到鲁迅塑像前，我们合了影。后来，河清伯伯在这张照片后面，写："小丁，你在我老头面前，显得年轻、得意，但假如你早生几年，我带你去拜望鲁迅先生，你不更得意吗？现在只得拜读他的著作代替面聆教益了。"

河清伯伯到上海的机会很多，可每次都有点急急忙忙，因此，他在 1979 年 6 月 5 日的信中说："二次会晤，都太匆促，但即使匆匆促促，好像看到小鸟儿又叫又跳，一下又飞走了，仍然留着愉快的心情。"

1982 年 11 月 14 日下大雨，我约了我们剧团专门拍剧照的黄大光，到山阴路去看河清伯伯，拍了许多照片。去时，我带了本照相本，里边全是萧军、萧红在上海住过的地方。河清伯伯边看边点头称是，可是有几张，看了又看，说"认不出"并说了些理由。

不几天，出太阳了，我陪河清伯伯到人民公园去看菊花展览，坐下休息时，我们谈到萧红，河清伯伯说："有一次，萧红对我说，你只能做我的朋友，而不能当我的丈夫，因为你不会做饭。"我听了哈哈大笑。他又说："萧红去看鲁迅，鲁迅非常高兴，就像你现在陪我这个老头儿来看菊花展览一样。鲁迅非常喜欢青年人，觉得希望在青年人身上。"他 11 月 21 日回杭州，第二天夜晚，写信道："这次你陪我去看菊花，虽则是走马观花，有你陪着，我很高兴。"

最后一次见到河清伯伯是在 1994 年 9 月，他到上海来开会，住在静安宾馆，父亲和我去看望他。9 月 11 日，河清伯伯和儿子明明带着照相机，到我们家后弄堂的 351 号拍照。我们家后弄堂的沿街马路叫襄阳南路，从前是拉都路。1935 年 3 月初，萧军和萧红搬到这儿，当年 5 月 2 日，鲁迅和许广平带着海婴到此地看望两萧。

两萧住在这儿时，有一天，萧红去买早点。早点店在拉都路 324 号，隔壁是条大弄堂，叫敦和里，里面有好几个编辑部，有《太白》《文学》《译文》。萧红买了油条回家后，发现包油条的竟是鲁迅手稿。她感到非常惊奇，又很生气，当即写信给鲁迅。可是鲁迅自己却不以为意，反而安慰萧红说："我的原稿的境遇，许知道了似乎有点悲哀；我是满足的，居然还可以包油条，可见还有一些用处。我自己是在擦桌子的，因为我用的是中国纸，比洋纸能吸水。"（1935 年 4 月 12 日鲁迅致萧军信）

后来才知道，这张稿纸是河清伯伯丢失的。那时他正在《译文》编辑部工作。他说："这原稿是我丢失的。我当时不懂得鲁迅原稿之可贵，清样校完后，就把有的原稿散失了。一张原稿落在拉都路一家油条铺里用来包油条，和我同住在拉都路的萧红去买油条，发现包油条的是鲁迅先生的原稿。"（黄源：《鲁迅书简追忆》，1980 年 1 月浙江人民出版社出版）

我除了寄文章，还时常寄照片给河清伯伯，他说："儿童节的信，及漂亮的姑娘照片，都收到，非常高兴。"接着风趣地说："你看，你们年轻人，多么生机勃勃，在老人面前示威，但你没有想到，我这老头在儿童节孩子们给我也戴上红领巾哩。"（1980 年 6 月 4 日黄源致丁言昭信）哈，毫不输给我们这些年轻人啊！

有时，我还请河清伯伯为我的照片题诗。1979 年我向朋友借了一套海军服装，在晒台上挂了床单，作为背景，举手敬礼，现在看看，这个敬礼手势，非常不标准，但当时自己觉得挺神气的，马上寄给河清伯伯显摆显摆。1979 年 6 月 11 日，河清伯伯写《题小丁海军小兵玉照》：

一个可爱的姑娘，

不争取参加英国

世界木偶戏竞赛，

专爱写鲁迅文章，

却要充当解放海军，

那就要在新长征途上，

更好地贡献自己的力量。

下面署名："新四军老兵黄源。"题诗里字字句句都充满了老一辈对我们青年一代的期望。我一定好好学习，天天向上！我暗暗地宣誓。

2003 年 1 月 2 日河清伯伯去世，我整理了他的来信，约有三四十封，其中谈到萧红、萧军、郁达夫、陈学昭等现代作家，及一些珍贵的文史资料。过了几年，他儿子黄明明把我寄给河清伯伯的信复印送我。等将来有机会，编一本我与河清伯伯的书信集，肯定非常精彩。

梁山丁

伪满傀儡政府官办的长春《大同报》副刊《夜哨》文艺周刊，于 1933 年 8 月 6 日创刊，可是发刊还不到半年，在 1933 年 12 月 24 日被迫停刊。

原先《大同报》有一个副刊《大同俱乐部》，由于日伪当局在东北还未站稳，自顾不暇，对于文艺的控制不甚严密，所以，一些健康进步的作品有时也能在《大同俱乐部》上发表，如萧军的《杀鱼》，萧红的《弃儿》《腿上的绷带》《太太的西瓜》等。然而，这毕竟不是我们自己的刊物，好作品的发表机会有限。为了扩大党的宣传阵地，教育群众，打击汉奸文艺，共产党员作家罗烽、金剑啸商量后，决定通过萧军与《大同报》编辑陈华的朋友关系，在该报创办《夜哨》周刊。

《夜哨》的刊名是萧红起的，表示"夜星值岗"之意。刊头为金剑啸设计：上半部是茫茫黑夜，象征敌寇的黑暗统治；

中间是一片土地，象征着东北土地；底部是一道道铁丝网，象征着法西斯的暴行。

在《夜哨》出版的二十一期中，有十四期上都刊登了萧红的作品，有《两个青蛙》《小黑狗》《八月天》《哑老人》《夜风》《叶子》《中秋节》《清晨的马路上》《渺茫中》《烦扰的一日》。从篇目来说，她仅次于梁山丁。

在《夜哨》上发表作品，是梁山丁创作最旺盛的时期，有《很好的庄上》《北极圈》《银子的故事》《无从考据的消息》《山沟》等。

梁山丁与萧红的友谊从《夜哨》开始，那时候只是互相知道对方，等到正式见面是在 1933 年冬天。

1933 年 10 月萧红和萧军用"悄吟"和"三郎"的笔名，出版了一本《跋涉》。书出版后，《大同报》记者，曾写文章介绍，称赞它是真实生活体验的作品，有坚强的思想意识，有忠实的描写，有特色的艺术风格。这本书赢得文艺界的一致推崇。

梁山丁出生于 1914 年，比萧红小三岁。有一天，梁山丁收到萧军的一封信，于是到商市街去看望萧红和萧军。

梁山丁披着一件老羊皮大衣，穿过一座铁门，在一间靠门的小房间门口停住，举手轻轻地敲着。随着一声"来了"，门打开，眼前站着一位女士，只见她穿着一件青色旧呢大衣，黑剪绒小翻领，头发盖在额前双眉上，脸颊微微有些苍白，但两只大眼睛闪着光芒，这是萧红，梁山丁连忙道了声："你好，悄吟！"听到梁山丁的声音，萧军从屋子里迎了出来，身上穿着俄式衬衣，扎个腰带子，戴着平顶小帽，完全是哈尔滨流行的装束。他俩互相叫着对方的笔名："三郎！""山丁！"四只手紧紧地握在一起，梁山丁觉得他的手握上去沉甸甸的。多少年后，萧军给他的第一个印象是三大：大眼、大嘴、大手。说话诙谐风趣也让梁山丁印象深刻。

梁山丁原名梁梦庚，山丁是笔名。当他们叫着各自的笔名时，感到特别亲切，好像回到文学故乡一样。到了午饭时间，萧红为客人做了一碗汤面，还有一碟俄式灌肠。她声音很低地说："快吃吧，我做得不好，凑合着吃吧。"梁山丁嘴吃着面条，张不开就忙点头，意思说：好吃。等到梁山丁吃完，萧红热诚地问："吃饱了吗？没吃饱，我再去下。"梁山丁拍拍肚子，连声说："吃饱了，吃饱了！谢谢你做了这么好吃的午餐。"

萧红与萧军是靠稿费生活的，过得并不富裕，但他们毫不吝啬地招待客人，结束后还陪梁山丁去看望了罗烽、白朗夫妇，这对夫妇当时用名洛虹和刘莉。当晚他们五个人到中央大街地下室酒家吃了一顿俄式晚餐，然后在附近一家照相馆照了一张相片。可惜这张相片一直没被发现过。

第二天，两萧又带梁山丁到道里公园去访问画家冯咏秋和老黄，还会见了俄文翻译家金人和写《风流会长》的达秋。

梁山丁于 1930 年后，任《公民日报》学生版、《红蓼》周刊编辑，《诗报》主编。1945 年后，历任北平国立专业学校教师，《草原》《生活报》《东北青年报》《好孩子》编辑、记者，东北人民出版社文艺组组长，中国作协沈阳分会《文学月刊》编辑部副主任等。他从 1931 年开始发表文章，出版过《长夜萤火》等单行本。

1983 年 1 月梁山丁先生于沈阳在萧红纪念卡上题词：

一九三三年认识萧红，同为《夜哨》左翼刊物写稿，今年正好五十年了，回忆往事，不胜唏嘘，偶成小诗：
老翁垂七十，长忆青年时。
江城访故友，酒后论新诗。
《夜哨》结同仁，《黎明》斥顽敌。
往事堪回首，忽忽半世纪！

梁山丁先生于 1997 年去世，享年八十三岁。

一九三三年认识萧红，同为《夜哨》左翼刊物写稿。今年已将五十年了，回忆往事，不胜唏嘘，偶成小诗：

老翁垂七十，犹忆青年时。
江城访故友，酒后论新诗。
《夜哨》结同仁，《黎明》斥顽敌。
往事堪回首，忽忽半世纪！

梁山丁 一九八三、一月于沈阳

萧红、徐微、沈玉贤三个好朋友

涓涓把眼睛移进了莹妮眼睛，两个人似乎全着了一次灵魂的融解。

下面署名"涓涓还活着录自《涓涓》1982.12.18"。

"涓涓"是谁？是徐微，以前叫徐淑娟。这是她为我的萧红纪念卡题词，用毛笔书写。小时候，她练灵飞经，中学时，老师指定学生练文征明的《西厢记》字帖，徐微老师在 1983 年 1 月 31 日给我的信中说："你看我们的老师够胆大的吧。"

徐微是江苏常熟人，生于 1915 年 5 月 21 日，农历四月初八。因父亲在东北交通银行工作，五岁时，随母亲北上到哈尔滨，在母亲办的塾馆接受启蒙教育。1927 年秋，在哈尔滨东省特别区区立第一女子中学校初中一年级四班读书。由于她长得比较矮小，坐在第一排，坐在最后一排的有长得比较高的萧红，还有一个是全校六个班中个子最高的沈玉贤。

她们三人，萧红爱静，沈玉贤爱动，徐微爱说，性格上互相补缺，三人成为形影不离的好朋友。照徐微的话来说："我们三人的脾气都有点儿古怪，都很倔强，都对学校束缚女生的行为很反感，都对社会上人欺侮人，人压迫人的现象感到愤愤不平，甚至牲畜受到虐待，也会引起我们的愤怒。"（李丹、应守岩：《萧红知友忆萧红——初访徐微同志》，载 1982 年 8 月《东北文学史料》第 5 辑）

她们中，萧红最大，沈玉贤和徐微比她小三四岁。萧红是走读生，沈玉贤住在市区，离校较近，也是走读生，而徐微有时住校，有时走读。姑娘们总是想办法找时间在一起，甚至上课时，坐在第一排的徐微也会回头看最后一排，冲着好朋友微笑，上夜自修，更是找各种理由跑到最后一排去，挤在好朋友身边说悄悄话。

她们三人的观点有时出奇的一致，她们都厌恶谈恋爱，认为这是庸俗和不洁的。她们学习很勤奋，愿意和有头脑的男孩子做朋友。在这些姑娘的心目中，还是看重男的"思想"多一些。生活中，她们尽量"男性化"——头发剪得极短。后来萧红离开哈尔滨到北京去时，干脆穿西装，并去拍了一张照片，送给徐微。最有趣的，是一次她们三人去太阳岛玩。太阳岛在松花江的江心，河面很宽，水流又急，到那里去，只有乘船。三人都不大会划船，但为了显示自己有男子汉的气概，硬不要船工帮忙，把人家劝走。去时一路顺风，这几个假小子好生得意，谁知返回时，碰到逆风逆水，老在原地打转，虽然心中有点发慌，可谁也不肯呼救，只是咬紧牙关，拼命地划，当她们抵岸时，手上全是血泡，有的已磨破，但依旧觉得特别开心。

这些情况来自于 1980 年 6 月 30 日徐微寄我信的同时而写的回忆萧红文章，在这之前，我曾问能不能用她所写的材料时，1980 年 6 月 5 日徐微老师在信中说："这有什么，如果你写文章，当然可以用我的回忆材料，莫非回忆还要'版权所有'吗？"

后来萧红与萧军生活在一起时，把她两个好朋友的事讲给萧军听，萧军听后好感动，根据这些素材，在 1933 年春创作中篇小说《涓涓》，起始连载于哈尔滨的《国际协报》。1934 年 6 月，萧军在青岛担任《晨报》副刊编辑时，又重新连载过，当他准备写第二部时，报纸因故停刊，于是没有写下去。

同年到沪，萧军将《涓涓》手稿给鲁迅看，因为他多次要把它整理出来、完成它，但又几次要抛掉它、烧掉它，不知如何来处理，所以想请鲁迅来裁决。鲁迅在 1935 年 3 月 31 日的信中，对萧军说："今晚又看了一看《涓涓》，虽然不知道结末怎样，但我以为是可以做完它的，不过仍不能公开发卖。那第三章《父亲》，有些地方写得太露骨，头绪也太纷繁，要修改一下才好。"可是萧军最后还是没完成它，因为他觉得："现在再写这样稿的心情，提不起来了，并且感觉得笔致也有些两样……所以决心不再写下去——"（萧军：《涓涓·前言》，1983 年 5 月甘肃人民出版社出版），只是给小说"马马虎虎添了一条尾巴"。（萧军：《鲁迅给萧军萧红信简注释录》，1981 年 6 月黑龙江人民出版社出版）直到鲁迅逝世后，1937 年 9 月才由上海燎原书店出版《涓涓》单行本。

萧红自己后来也想写这类题材的长篇小说。她于 1940 年 7 月 28 日致华岗的信中，讲到这样一件事："……再说八月份的工作计划。在这一月中我打算写完一长篇小说，内容是写我的一个同学，因为追求革命，而把恋爱都牺牲了。"这很可能就是 1942 年萧红临终前还想到要写的那部反映哈尔滨女学生抗争生活的《晚钟》。

《涓涓》小说中没有传奇式的英雄人物，却有着一群栩栩如生 20 世纪 20 年代末的普通女中学生，听不到大海的惊涛骇浪，却可以听到躲藏在深山的涓涓溪水，她们的细流总有一天汇归浩瀚的大海。

作品中莹妮的原型就是萧红，取其原名张迺莹中的"莹"字；小娴即沈玉贤，取"贤"字的谐音；涓涓以徐微为模特儿，她原名徐淑娟，涓涓的取名是拼凑"淑娟"的左右偏旁而成的。有意思的是徐微直到 1981 年才读到《涓涓》，而与作者萧军见面是在 1983 年 4 月。她于 1983 年 7 月 2 日给我的信中讲到此事，徐微说："今春 4 月，应高原同志之邀，去南京与萧氏父女会晤，我和他还没有见过面呢。见后方知高原是有道理的，萧军已七十九岁，且近两年发起胖来，令人惴惴。"也许，徐微看到昔日瘦瘦的萧军怎么变成胖子，很担心他的健康，所以信上说"令人惴惴"。

她们三人都是文学爱好者，最爱读的是鲁迅的《野草》，对作品中的许多妙句和篇章，她们都能背诵，有时大家轮流背，有时你一句我一句地接着背。有一次，徐微叫萧红听她背鲁迅《秋夜》中的句子："在我的后园，可以看见墙外有两株树，一株是枣树，还有一株也是枣树……"鲁迅这一风趣的描写，经徐微一念，更是好玩，逗得萧红直笑。后来她俩还经常你说一句"一株是枣树"，另外一个马上接着说"还有一株也是枣树"。

（高原:《离合悲欢忆萧红》，载 1980 年 12 月 10 日《哈尔滨文艺》1980 年第 12 期）

当时学校里有一种风气，几个要好的同学，兴趣爱好也相同，常常组织一个小团体，如有五个人都属鼠，那么就取名五鼠球队，而萧红、沈玉贤等同学都爱好美术，就成立一个野外写生画会，美术老师高仰山时常带领她们到松花江南北两岸去写生。

1930 年夏，高仰山老师给学生们上了最后一堂美术课，是画静物。他在教室里设计了好几组静物，有蔬菜、瓜果、花卉、瓶子、罐子、玫瑰花，甚至还有一颗人头骷髅。大家纷纷选择自己喜爱的题材，寻找最佳的角度，占据位置。沈玉贤选中了玫瑰花和骷髅。萧红东看看西瞧瞧，最后什么也没选中，忽然她朝窗外一看，似乎发现什么新大陆，立即快步跑到教室外边，向坐在路旁的老更夫借了一支黑杆的短烟袋和一个黑布的烟袋荷包，并吃力地搬来一块石头。她把烟袋和烟荷包放在石头边上，然后开始专心地画起来。有人问萧红，这是什么意思？她说:"劳动者干活累了，坐下来抽袋烟休息一会。"（沈玉贤:《回忆萧红》，载 1981 年 6 月 16 日《哈尔滨日报》）高仰山老师看到萧红的画，取名为《劳动者的恩物》，萧红很满意，说同她想到一块了。这幅画在初中毕业生成绩展览会上，成为一幅特别引人注目的画。

萧红小时候在呼兰镇时，特别喜欢民间艺术，时常给周围的少女设计花鞋和衣服绣花纹样。读中学时，对那些书刊中的插图和封面的装帧设计非常感兴趣，想将来当个画家。以后她踏上社会，还念念不忘美术，如第一次到北京，曾经打算入北平艺专学习绘画，后因返回哈尔滨而未成，到了上海，曾到吕班路（现重庆南路）的一家私立画院去学画，不过时间不长。至于萧红为书设计封面和题字，那是后话了。

1930 年初夏的一天，学校组织学生到吉林旅游，这些学生大部分出生在哈尔滨，长到十几岁，还没有出过省，所以非常高兴。她们在哈尔滨，游过松花江，玩过太阳岛，但从来没有爬过山，所以在吉林，最吸引学生的是爬山。没过多久，大家发生矛盾，有的要继续爬山，有的去采野花，有的想休息……最后，各自做自己喜欢的事情。沈玉贤坐在一棵大树下，拿出随身带的速写本，画山上美丽的风景。萧红正好走过来，看到好朋友在写生，说："好好画吧！小妹妹，回头大姐给你题首诗。"说完，在沈玉贤身旁坐下，拿笔写了起来。

大家回校后不久，校刊上登出一组署名"悄吟"的诗，题为《吉林之游》，其中有一首这样写道："以前，我们都是很要好的朋友，为什么在北山上却你争我吵？啊！原来是爬山爬累了！"沈玉贤问萧红，为什么用"悄吟"这个笔名？她说："悄悄地吟咏嘛。"徐微说："悄吟这个笔名，望文生义可也。"（1980

年 6 月 5 日徐微致丁言昭信）萧红成名之后，也常常用这个笔名。

这些刊登在黑板报和校刊上的散文和诗等，算是萧红最早的文学作品了。

快毕业了，萧红忽然变得心事重重，喜怒无常，常常在夜里暗暗哭泣，星期天偷偷地喝酒，大有以酒浇愁之势。原来萧红家中早已将她许配给汪家少爷，叫汪殿甲（有人说叫汪恩甲），是政法大学学生。萧红无意中得知汪殿甲染有鸦片恶习，心里很痛苦，对他产生厌恶感。与此同时，她还悄悄地爱上了表哥陆宗虞。

姑娘们毕业后，或闺门待字，或继续升学，等待萧红的是什么命运呢？家里要她初中毕业后，与汪家少爷完婚，萧红心里不愿意，但又不知道用什么方法来逃避，还是找好朋友商量商量吧。

萧红问好朋友，汪家提出结婚的要求，她该怎么办？

那时，萧红、徐微和沈玉贤正在读鲁迅的《伤逝》和易卜生的《娜拉》，她们想"逃婚""出走"是唯一的出路。可是吃饭问题如何解决？萧红为难地问道。小伙伴们哈哈大笑，天真地说，你可以写文章呀，有了稿费，不就解决吃饭问题了吗。

1930 年夏毕业了，沈玉贤就地升入女中师范班。徐微想到南方去寻找革命，她用不着和家庭决裂，她老家在南方，父母认为在南方上学有利“深造”。徐微回到南方，考入江苏省立松江女子中学。萧红与家庭决裂，真的出走了。

徐微在松江女子中学，因“言论过激”被勒令退学，此时，她正式将原来的名字徐淑娟改为徐微。她以同等学历考入复旦大学中文系，1932 年加入左联，并参加中国共产党，后中断联系，失去了组织关系。1933 年参加“五一”集会被捕，关入苏州反省院，后交保释放，但是她仍然积极参加抗日救亡工作和进步文艺活动。1934 年 8 月 20 日在哈尔滨与一留美学生徐陬结婚。

关于萧红的出走，有几种说法：一种是说与表哥陆宗虞同行；另一种是说到京后，汪家少爷随后追了去。问题的关键倒不在乎跟谁一起走，而在于她冲出了呼兰县。而跨出这艰难的一大步与一位男士有关，不管他是谁！萧红自小缺乏爱，因此对爱的渴望是相当强烈的。当她懂事后，只要有人对她稍稍有爱的表示，她就会盲目地付出比对方多十倍的爱，她要在别人身上追回童年失去的爱，她要得到爱的补偿，但可悲的是，她不知道对方是否具有与她同样爱的渴望，这就使她在以后的感情世界里连连受到挫伤，而不能自拔。

萧红到北京后，曾给沈玉贤写过一封信，信中说："我现在女师大附中读书，我俩住在二龙坑的一个四合院里，生活比较舒适。这院里，有一棵大枣树，现在正是枣儿成熟的季节，枣儿又甜又脆，可惜不能与你同尝。秋天到了！潇洒的秋风，好自玩味！"从信中看，萧红过得很快活。这以后萧红还从北京给沈玉贤寄过一些杂志，如《拓荒者》等。

三个好朋友虽然天各一方，心却是相通的，她们有一个通信的本子，信就写在这厚厚的练习簿上，一个地方一个地方地邮寄，时有志同道合者加入，簿子上写信的人也就多起来了，有北京的萧红和高永益，哈尔滨的沈玉贤，松江的徐微、赵芳英和王漱兰，杭州的徐骍宝，南通的徐陬、卑育森和舒赐兴。在信件中他们互相叙说着自己的境况，抒发对美好未来的向往，同时也流露出对祖国兴亡的担忧……这个认真严肃的青年自发的通讯活动止于"九一八"事变以后，最后一封信是沈玉贤写的，她写道："我们要做亡国奴了。我们高唱《满江红》放声大哭。"可惜，"通信本子、萧红照片以及她送我的油画全都没有了"！（1980 年 6 月 5 日徐微致丁言昭信）

1980 年 6 月 30 日徐微信中告诉我，她回到南方后，"通过接触的人和事，感觉出国民党是令人恶心的、说假话的，不但不革命，而且是卖国的"。她刚正不阿的性格和平时在同学中的影响，竟被怀疑是赤化分子，在 1932 年被秘密开除，离开了松江。接着她用假文凭考上复旦大学，将原来的名字徐淑娟改为徐微，从此和北方的朋友失去联系。

徐微老师自 1980 年 4 月 18 日写给我第一封信，一直到 1994 年 3 月 9 日她女儿徐鸣给我最后一封信，我们就失联了。

这些信件的内容相当丰富，除了回忆萧红，还提到一件有趣的事。1981 年中央电视台有一档节目中，说到《长寿歌》是"古人所作"，岂不知，作者就是徐微。她在 1980 年 6 月 5 日的信中说："我有一首不成其为文艺作品的'诗'，在全国较为流行，而说这是一首'民间古诗'。眼睁睁看到自己成了古人……"

这首诗是徐微写于 1946 年，题为《十叟长寿歌》，她学的是中文，教过书，后来从事医学科普工作，是浙江省卫生实验院副研究员，退休后，仍不遗余力地工作，为浙江省医学科普创作研究会顾问。

徐微老师在信中说到我的老师张可，她说："张可是我非常喜爱的人，四十年不见，印象中仍是年轻时的样子。上月文研所同志来访，才知她病了，难以想象。就是为了看看她，也该到上海来。且把此行算在 5 月中，来了当和您见面。"（1980 年 4 月 18 日徐微致丁言昭信）可惜徐微老师因故未来，而我当时去宁波时，因为拉肚子，也没有绕弯到杭州去看望她。为此，两人一直没见面，不过我们俩互寄照片，也算是见过面了。

1993 年 9 月江苏文艺出版社出版了我撰写的《萧红传》，我立即寄给徐微老师，1994 年 3 月 9 日我收到徐微之女徐鸣来信，她说："您寄给我妈妈（徐微）的《萧红传》二册，读了情绪激动，感慨万千，她说，看得出，您花了许多功夫。"

"妈妈的感情深刻到这样程度，无法执笔，写回忆文字。萧翁去世，她甚至没法给萧耘，高原舅舅写信。"

"月来，她胆、胃疾病发作，看来一时不能好，叫我写信，谢谢您的书，特别谢谢您对萧红的情分。"

接到信后，我写了回信，但是再没有收到任何信息。可是徐微老师对我的帮助和鼓励，永生难忘！

最后，以沈玉贤老师写在萧红纪念卡上的诗作为结束语吧：

纷纷白雪洒江天，
遐想孤魂悲不还。
每望归鸿思旧梦，
遗容捧视倍悽然。

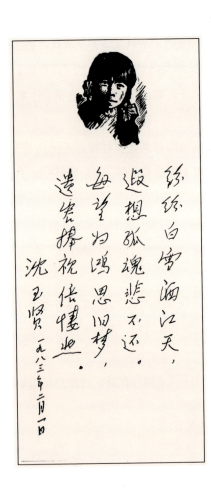

絲絲白雪洒江天，
遐想孤魂悲不还。
每望归鸿思旧梦，
遥寄捧祝倍健也。

沈玉贤
一九八三年二月一日

萧　军

　　研究萧红，我第一个想到的是找萧军伯伯，因为鲁迅致青年作家的信，写给萧军和萧红的信为最多。我知道萧军在北京，可怎么找呢？

　　父亲说："没关系，转个弯，保准能找到。"于是他写信给老朋友方蒙，方叔叔是位资深新闻工作者，在新闻研究所工作。我将我想知道的事情，另外写了信，夹在一起。果然不久，1977 年 8 月 24 日方叔叔来信了，我迫不及待地打开，除了方叔叔的外，还有萧军和端木蕻良的信。我对父亲说："你真厉害！""这就叫老朋友呀！"父亲抬头说。

　　方叔叔开头称我和父亲为："景玉兄并山姑娘。""景玉"是父亲丁景唐和母亲王汉玉，名字中各取一个字，"山姑娘"是指我，因为我排行老三。

方叔叔说："谢天谢地，两位权威的答复，终于来了。现寄上。看来，他们的记忆有限，能准确回答的问题不多，也只好如此了。山姑娘一共提了十八个问题，尚有未答复的，我再催催。"

我问萧红的另一个名字"悄吟"是什么含义？萧军说："'悄吟'笔名并无什么'深意'，由于她在学校读书时，练习写小文章，曾用过这名字，无非是代表一种'孤独''寂寞'的意思。1933 年、1934 年间即开始用文。我和她于 1933 年秋季间共同出版过一本短篇小说集名为《跋涉》，我用的是'三郎'，她用的就是'悄吟'。"

端木蕻良说的与其不同，他说："'悄吟'是'小莹'的谐音，因萧红原名'张迺莹'，是她外祖父起的。具体使用是在《国际月报》副刊开始用的。"（1977 年 8 月端木蕻良致方蒙信）

后来我在写关于萧红的文章时，综合了他俩的意思。

1979 年 3 月 8 日，方叔叔又来信，告知萧军地址，并说，信是由《北京日报》的顾行转去的。同时，萧军的信也在同一信封里，那是用毛笔直书在宣纸上，共有四大张，写于 1979 年 3 月 5 日。他的信详细地解答了我提的六个问题，主要是讲他与萧红在上海住过的几个地方等故事。

在萧伯伯给我的信中，时时可以感受到前辈他们广阔的胸怀和对我们的希望和期待。他在 1979 年 3 月 15 日夜写的信中说："从剪影和信中来判断，我相信您是一位善良的、聪明的好姑娘。""我们这老一辈的人，总愿看着青年一辈的人，像一棵美丽的花，一株成材的树……逐日成长起来，尽管我们遭受任何折磨和痛苦，我们愿意做一撮撮泥土，一滴滴水……提供出自己能有的力量以至最后的生命来使你们茁壮！"

同一封信里，萧伯伯送我一首诗，题为《忆故巢并序》，在序中说："丁言昭同志函询 1934 年冬春间，我和萧红在上海法租界'拉都路'所居诸处，除函复外，谨口占一律赠之。"

诗如下：

梦里依稀忆故巢，拉都路上几春宵。
双双人影偕来去，霭霭停云伴暮朝。
缘结缘分终一幻，说盟说誓了堪嘲。
闲将白发窥明镜，又是东风曳柳条。

毕竟是老作家，惜字如金，对自己的作品精益求精，一点也不含糊。1979 年 3 月 23 日落雪之夜的信中，萧伯伯对我说："请您把我寄您的诗改两个字：第四句的'霭霭停云伴暮朝'伴字可改为'瞰'；第六句'说盟说誓了堪嘲'堪字改为

'成'字。"

　　信中对我做了"小批评"。那时候，我每写完一封信或者一篇文章，都必须由父亲过目，帮我改过才发出去，给萧伯伯的信也如此。他说："再写信，不必请您爸爸纠正或代改了，所谓'童言无忌'，您完全可以'信口开河'，要说什么，就说什么，要怎么说就怎么说罢。"以后我写信就不要父亲改了，不过文章还是要改的，不然心里没底。

　　那时，我想让萧伯伯看看我的长相，于是寄了张照片。那上面的我穿了件大襟服装，围了个小兜兜，手里装模作样地捧了个碗，是我从家里找出来的白底蓝边的粗碗。你猜，萧伯伯是如何评价这张照片的？

　　"您很像一位东北的'大姑娘'，只是'土气'少一些，'海气'有一些，所以只能算为都市的东北'大姑娘'。那只碗也不大像'东北'的（我指的是过去我幼年时的东北）。"

　　信的最后，萧伯伯风趣地写道："这回好不容易凑写了两页稿纸，'大作家'总是'惜字如金'，这如按时价稿费七元一千字计算，也可拿到四五元呢。"

　　在 1979 年 4 月 10 日的信里，萧伯伯谈到萧红喜欢美术之事，特别讲到萧红成名之作《生死场》的封面。

《生死场》初版封面是萧红自己设计的，线条简练，色彩强烈，一半红，一半黑。原先人们以为封面的上半部画的是祖国东北三省版图，拦腰一条斜线，宛如利剑将东北从祖国的土地上劈开。这可真是丰富的想象力啊！我本来也非常赞同这种看法，可是看了萧伯伯的信后，才明白这完全是误会。萧红作画时，萧伯伯就在旁边，记忆犹新。他说：

　　我记得，在她设计、制作这封面时，我在场，因为封面纸用的是紫红色，想要利用这纸本色，把封面做成半黑、半红的样子，算作代表"生"与"死"。当她用墨笔把双钩的书名钩出以后，正企图把二分之一封面完全涂成黑色时，我觉得这太呆板了，就建议她只把书名周围涂黑就可以了，不必全涂，就像"未完成"的样子就可以了。她听从了我的主张，就随便地涂成这个样子，它既不代表东北的土地，也非是城门楼子……如果说它"像"什么，那只是偶合而已。

《生死场》是"奴隶丛书"三部中的一本，由鲁迅作序，自1935年12月出版后，中华人民共和国成立前重版了不下二十次。当时我想每一个版本的封面也许不一样，于是1980年我到上海图书馆去查阅旧版本的《生死场》，结果大获丰收。

重版的《生死场》封面装帧，有的与初版本的一样，但色彩不是红色和黑色，有的是白色和红色，有的则是白色和玫瑰红色，有的连图案也换了。如 1945 年 11 月容光书局第十版的封面，是一幅木刻：一位瘦如干柴的妇人，头高仰，双臂蒙面，只露出痛苦的嘴；背景是铁丝网，表现劳动人民在生死线上痛苦挣扎。

1947 年 2 月上海生活书店第二版的《生死场》封面，是一尊雕塑，题为《奴隶》，是意大利文艺复兴时期大雕塑家米开朗基罗的作品，作于 1513 年到 1516 年，藏于法国巴黎鲁佛尔博物馆（现翻译成卢浮宫博物馆）。

出版者选《奴隶》为封面，其寓意是很深的。《生死场》里一方面描写了挣扎在生死线上奴隶的生活，另一方面也喊出了不愿当奴隶的心声："革命不怕死，那是露脸的死啊……比当日本的奴隶活着强得多哪！"封面体现了小说的主题思想。封面改用米开朗基罗的《奴隶》，还有另一层意思：改换了封面设计，却不改鲁迅先生把《生死场》列入"奴隶丛书"的初衷。这个封面设计绝对上乘。

另外，我还看到一本《生死场》连环画，为 1939 年 4 月浙江丽水潮锋出版社出版，是大众战斗图画丛书之一，由张鸣飞绘制。这位年轻的美术家，在 20 世纪 40 年代即得肺病去世，在世上只活了二十多年。他在饥寒交迫、病魔缠身的困境中，出版此书，真是难能可贵。

我与萧伯伯通讯来往，没有见面，到1980年，父亲到中央党校学习，我和母亲及二姐初中的班主任陆老师，一起到北京，才见了第一面。

10月的一天，我们和萧伯伯的女儿约定在车站碰头，然后再去鸦儿胡同6号。那天晚上，街灯已亮，因为我和他女儿没见过面，也没约定什么暗号，就是见了面也不认识。我用沪语对母亲说："那能艾勿来啊？"忽然耳边响起一个女声："你是言昭吗？我听见上海话，想一定是你了。""对，你是萧耘？"我们两人紧紧地握手。

到了萧家，萧军夫人王德芬立刻递上一本练习本，要我们每个人都签名，写上家庭住址。我看到本子上密密麻麻有许多人，有的认识，有的很陌生。

然后转眼看到满桌的菜肴，还有热腾腾的水饺，这是东北人接待客人的最高规格。席间，萧伯伯问："你觉得我凶吗？"

"原先，我觉得您挺凶的，与人打架，现在看见您真人，一点儿也不觉得。"

不久我又去了萧家，那是 1980 年 10 月 18 日，我们在鸦儿胡同门前、什刹海边拍了好几张照片，萧伯伯边拍边开玩笑地说："拍一张一毛钱啊！"我笑着说："当然，当然，若干年后，这可是珍贵的照片。"

1981 年 6 月，我到哈尔滨参加纪念萧红诞辰七十周年国际研讨会，再一次见到了萧伯伯。

为了参加会议，我准备了一篇论文：《萧红在上海事迹考》。我根据萧伯伯信上所说的，进行实地考察，并请朋友拍照。

两萧于 1934 年 11 月从青岛到上海，1937 年 10 月离沪去武汉，期间萧红两度离开上海去日本和北京，在沪只待了两年光景，共住过六个地方：1934 年 11 月至 12 月，两萧住在拉都路（现襄阳南路）283 号；1934 年 12 月底至 1935 年 3 月，住拉都路 411 弄 22 号；1935 年 3 月至 6 月住拉都路 351 号，就是我家的后弄堂；1935 年 6 月至 1936 年 3 月，住萨坡赛路 190 号（现淡水路 × 号）；1936 年 3 月至 7 月，住北四川路（现四川北路），据萧伯伯回忆，在"永乐里"，但是，四川北路上无永乐里，只有永乐坊，"里"和"坊"意思相似，而且离横浜桥北才几十米，在四川北路 × 弄；1937 年 1 月至 10 月，住吕班路（现重庆南路）256 弄 7 号。

1981 年 6 月 14 日在哈尔滨的花园邨，我把照片拿给萧伯伯看，有的他一看就觉得对，有的吃不准。

1979 年四届文代会期间，萧伯伯被人视为"出土文物"。我父亲约了好友王观泉叔叔造访萧伯伯。那天去得早，萧伯伯刚练完拳脚回来，一见客人已到，几乎是冲过来，与他们握手，左手一个，右手一个，好不亲热。萧伯伯说的是东北话，父亲说一口宁波话，两人根本无法交流，亏得王叔叔从中当翻译，说了几句话后，萧伯伯问："你们吃过早饭吗？"回答："没有。"

在狭窄的凉台上，有一个肥皂箱，旁边有三只小板凳，大家坐下，家人端上几碟腌菜、辣子、小米粥、馒头，刚要动筷，萧伯伯问父亲："丁先生，喝几口酒怎么样？"父亲说不会。王叔叔可会喝酒了，因为他到北大荒去过。就这样，他们就着腌菜、辣子，喝着酒，美美地吃了一顿早餐。2003 年 5 月 2 日王叔叔发表了一文，题为《肥皂箱上摆酒》。

1986 年 10 月，萧伯伯与夫人王德芬到上海来，23 日到我家里，由父亲、母亲接待，拍了照片。萧伯伯坐在父亲旁边，只见他上穿米色的风衣，下着一条黑色练功裤和跑鞋，双手扶着拐杖。父亲穿着西装，平时父亲不是这样打扮的，衣着很随便，只有会见贵宾时才穿西装。王阿姨也穿着浅灰色风衣，母亲穿咖啡色两用衫，他们四人显得那么和谐、那么亲切，简直可以参加摄影展览会。可惜我不在场，那时，我到泉州参加第一届国际木偶节，后又去徐州参加江苏省第二届瞿秋白学术讨论会。

1986 年 11 月 3 日萧伯伯写了一幅字送给父亲。这是萧伯伯在 1986 年到上海参加鲁迅先生逝世五十周年纪念会，路经杭州，适值鲁迅先生铜像揭幕典礼，吟诗一首："铜筋铁骨铸精神，西子湖边认自真。百代千秋读'呐喊'，行吟泽畔斯何人。"

后来父亲将这幅字捐给了左联纪念馆。

1982 年 11 月 6 日萧伯伯为我的萧红纪念卡题诗一首，是他在 1932 年赠予萧红的，诗如下：

浪抛红豆结相思，结得相思恨已迟；
一样秋花经苦雨，朝来犹傍并头枝。
凉月西风漠漠天，寸心如雾复如烟；
夜阑露点栏干湿，一是双双悄倚肩。

关于萧军与萧红的一段恋情，世上的版本很多，现在让我们来听听当事人怎么说的吧。

1987 年萧军在澳门接受记者的采访，谈起了昔日与萧红的

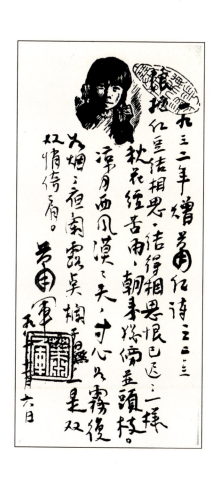

一九三二年赠萧红诗三二三

红豆结相思，结得相思恨已还。一样
秋花经苦雨，朝来犹傍益头枝。

浮月西风漠漠天，寸心以雾後
为烟。祖南露晃棚霓是双
双情倚肩。

萧军
壬申
六月
六日

一段情。

"我跟她分手有客观的因素，也有主观的因素……抗日战争开始，我本来是个军人，面对国家危难，使我作出了参加抗日游击队的决定，但萧红不愿意我去。她认为我在写作方面有才能，这也可作为抗日的手段。但在那种环境下，我实在写不出东西来，我们各自坚持己见，于是就各走各路。"

"我跟她于 1932 年在哈尔滨初次相见，因为大家都是东北人，加上当时的环境，使我们走在一起，这一段感情维持了六年。分手时我们也曾说过，假如将来有一天重遇，男的未婚，女的未嫁，就看有没有机会再走在一起吧。我俩分手以后，大家就没有再见。"

萧军接着说："我俩分手后，谁也没有说过谁的坏话，君子断交，不出恶言，分开就分开了，不做夫妻也可做朋友嘛。"

说到主观因素，萧军认为："她的自尊心很强，几乎到了病态的地步。而我的自负，也是到了病态的地步。"

1977 年 8 月 14 日萧军致顾行的信中说："我们在 1938 年春季间在西安时，就结束了夫妻关系。此后我去了兰州，她去武汉，彼此从未有过信件来往，因此她的以后生活情况，我已不知。"

两萧做了六年夫妇，说不知不是真的，说不想也是假的。1957 年萧红的骨灰从香港的浅水湾，迁到广州的银河公墓。那时萧军在东北，写了一首诗，寄给香港，后在 1957 年 9 月出版的《乡土》1 卷第 17 期上发表。那是首七律：

碧海春归桃李秾，
萧萧苦竹又篁筇。
天涯骨葬荒丘冷，
故国魂招紫塞空。
芳草绵芊新雨绿，
沧波浩淼乱云封。
乡心何处鹃啼血，
十里山花寂寞红。

这"十里山花"的句子，大约是从戴望舒的诗"走六小时寂寞的长途，到你头边放一束红山茶，我等待着，长夜漫漫，你却卧听着海涛闲话"而来。"六小时的寂寞长途"，差不多是十里；"山花寂寞"，是萧军的十万里长途遥想的寂寞。

舒　群

　　很早就知道《没有祖国的孩子》作者是舒群，但是没有机会见面，一直到 1981 年 6 月在萧红纪念会上，才在哈尔滨看到他。那年他六十八岁，看上去比实际年龄要大，岁月在他脸上刻下深深的烙印，但那双眸充满了智慧，就像一汪碧蓝的海洋，有着数不清的宝贝。他一生坎坷，有过辉煌，有过苦难……会间，我与他交谈很少，只是在纪念会上听到他简短的发言，话语虽少，可字字句句都浸透着他的思念。

　　舒群说萧红写作时间只有十年，可是写了近百万字，这是光辉的十年，"充分说明她的写作是很勤奋的"，"而且她的《生死场》，具有鲜明的时代感。当她写作的年月，正值日本帝国主义大举侵略中国之际……今天纪念萧红，我们要学习她写作的勤奋干劲，我们要学习她作品的时代感精神"。(《舒群同志讲话》，载 1982 年 3 月《东北现代文学史料》第 4 辑)

20世纪80年代中期，我到北京出差，找到艾若，一起去拜访舒群。那天，我在发上扎了条红色发带，有点像30年代的发式。一进门，舒群看了看我，说："真俊！"我想，他肯定想起了萧红，因为萧红在青岛时，经常梳这样的发式，不过，她的带子是蓝色。那天我们谈得比较多，内容嘛，当然是关于萧红的。

舒群1913年9月20日出身于哈尔滨一个贫穷工人家庭，他几次入学，几次因为无钱，被赶出校门。1930年，经一位同学帮助，又重新回到中学读完初三。毕业时，听说有一所免费的商船学校招生，但需具有高中一年级的学历证明方可报考。幸亏有两位老师的帮助，热心为他突击补课，并弄到一份假证明，终于考入该校。可惜只读了半年，便因家贫而退学，到航务局当俄语翻译。

"九一八"事变后，舒群怀着爱国热忱参加义勇军，从此走上革命道路。1932年3月末，参加第三国际中国组织的工作，9月加入中国共产党。年底，被任命为第三国际洮南情报站站长，以《哈尔滨五日画报》分销处的名义作掩护，从事情报传递工作，直到1933年秋。

他一边工作，一边利用业余时间写作并演出进步戏剧，在《国际协报》《哈尔滨商报》《大同报》的副刊上，用"黑人"的笔名发表诗和散文，创作渐入佳境。与此同时到星星剧团当演员，这个剧团是由地下党员罗烽、金剑啸主持的进步青年戏剧团体，从此与塞克、罗烽、金剑啸、萧军、萧红、白朗等青年相识，一起排演白薇的独幕剧《娘姨》。他们经常聚会、举办文学和艺术沙龙，结下了深厚友谊。

舒群与两萧有着非同一般的友谊，他在 1933 年 4 月 4 日哈尔滨《国际协报》副刊上发表特写《流浪人的信息——给三郎、悄吟》，后又于是年 9 月 12 日《大同报》副刊《夜哨》上发表诗歌《流浪人的信息——给松水的三郎与悄吟》。

1933 年 10 月哈尔滨"五日画报印刷社"出版《跋涉》，这是萧红和萧军合著的小说、散文集，他们用了"悄吟"和"三郎"的笔名。两萧当时生活非常贫困，根本无钱出版自己的处女作，是舒群和《五日画报》社长王岐山资助的。

那时第三国际给舒群的经费很少，他舍不得用，有时就在朋友家吃住，积攒了一些钱交给父亲。当他得知两萧出书没钱时，就回家对父亲说："我的朋友要出书，但没钱，我们把钱给他们吧。"舒群的父亲从青少年起，就是参加建设三十六棚的泥瓦匠，后来为了一家生计，曾做过各种杂工。这位老工人听了儿子的话后，爽朗地说："拿去吧，我们不至于饿死，你朋友出书要紧。"

舒群立刻将钱送去。后来在大家你五元我十元的帮助下，终于凑够了钱，将书稿送往印刷厂。萧军于 1933 年 10 月 1 日在《跋涉》的《书后》写道："这个集子能印出，我只有默记黑人弟和幼宾兄的助力。"多少年后，有人问起此事，舒群说："萧军一直说我帮助他，其实应该说是党帮助了他，我哪来那么多钱？"

1933 年华北战事紧张，促使日本侵略者加强对东北的统治，白色恐怖愈益浓重。这年年底，舒群与组织失去联系，为了免遭敌人毒手和寻找党组织，在友人的协助下，于 1934 年初到青岛。

当时的青岛，由北洋军阀残余掌控，由其海军头目兼任市长，搞假民主，实行宪制，将全市划分成几个区，设立区公所。那时德、日帝国主义在这里势力很大，一些东北的逃亡青年和革命者，往往以青岛作为暂时的避风港和去内地的跳板。

此时，舒群当年在商船学校的许多同学都在青岛的海军学校，通过同学介绍，认识了一位姓倪的地下党员，将他安排住在二区区公所。不久，舒群与其三妹倪青华结婚，倪青华也是地下党员。舒群在青岛安下家后，想起萧红和萧军在哈尔滨的危险处境，便写信给两萧，邀他们来青岛。

两萧于 1934 年 6 月 12 日离开哈尔滨，途经大连，当月 15 日抵青岛。两萧乘的船一靠岸，舒群偕新婚妻子已到码头迎接。先将他们安排在倪家居住，不久，把他们带到观象一路 1 号。这是舒群夫妇预先租好的房子，位于观象山山梁上一座背山面海的二层小楼，左右两边都可以看到大海，每一个角度看上去都像一幅美丽的风景画。没过多久，舒群夫妇也搬来住，与两萧为邻，两家友谊甚笃。

萧军多少年来一直心念这个地方，1979 年 7 月 21 日他说："近承鲁海同志以所摄青岛观象一路 1 号故居小楼照像，感成二律以志。"诗题目为：《题青岛观象一路 1 号故居小楼照像并叙》（载 1979 年 8 月 19 日《哈尔滨日报》3 版）。诗如下：

一

小楼犹似故时家，四十年前一梦赊。

碧海临窗瞰左右，青山傍户路三叉。

深宵灯火迷星斗，远浦归帆赏浪花。

往事悠悠余几许，双双鸥影舞残霞。

二

生离死别两浮沉，玉结冰壶一寸心！

缘聚缘分原自幻，花开花谢罔怆神。

珠残镜破应难卜，雨走云行取次分。

尽有伯牙琴韵在，高山流水那堪闻。

1934 年秋天，青岛地下党出了内奸，国民党蓝衣社搞了一次大搜捕，从市政府官员到海军、教员、工人、市民，凡涉嫌者多未幸免，整个青岛的党组织遭到严重破坏，舒群和倪家兄妹也被捕。幸而他在青岛还未接上党的关系，敌人又没有掌握他在哈尔滨的活动，几个月后被释放。

但是在"延安整风"运动中，舒群却没有摆脱被审查的命运。他被关押，说是他在青岛坐牢期间的政治表现无人证明。于是，舒群被诬陷在坐牢期间有叛变行为，是"文痞""无赖"，以致于不得不被迫停止工作，接受党组织的隔离审查。舒群面对这些突如其来的磨难与变故，一时之间难以接受，加之又不幸染上肺病，曾一度想自杀。1944 年初的舒群，已经被折磨得皮包骨头，但他仍然坚持自己并没有叛变，自己是个革命战士、共产党员。与舒群共事多年的《解放日报》编辑黎辛曾说："舒群这条东北硬汉，是可杀不可辱的，他是受污挨斗中，我见过的唯一的硬汉。"（侯敏：《舒群在延安始末考》，载 2017 年 9 月 18 日《文艺报》5 版）

2007 年我到青岛，曾去参观过关押舒群的牢房，房间很小，墙壁靠天花板处有个小小的窗，光线非常暗，我想象当时舒群就在这样条件下，创作了小说《没有祖国的孩子》。1935 年他出狱后，不知妻子在哪。几经曲折，7 月间流落到上海，住在法租界巨泼莱斯路美华里（今安福路 191 弄，已拆除）一个亭子间里。

在亭子间里，舒群不断地修改《没有祖国的孩子》。他勤奋地写作，引起住在同楼的左联作家白薇的注意，白薇看了他的作品，很欣赏，把舒群和《没有祖国的孩子》推荐给周扬。《没有祖国的孩子》在 1936 年 5 月出版的《文学》6 卷第 5 期上发表后，一些作家、评论家纷纷撰文，肯定它的艺术价值和社会意义。从此，他参加了左联，并恢复了组织关系。

舒群一直在寻找妻子，可是没有找到，他在 1982 年 2 月 15 日写的《〈没有祖国的孩子〉序》里写道："青华而今安在？"舒群深深地怀念着她……据说后来他们俩相见了。

舒群在上海再度与两萧重逢。后来，萧红与萧军之间经历了情感的波折：萧红去了日本，萧军曾去过山东。1937 年 1 月萧红回上海，与萧军团聚，可是两人感情的裂痕难以愈合。1937 年 4 月萧红一人往北平。此时舒群也正好在北平，得知萧红来到，前去探望。"他们原来就是故人，相见之下非常高兴，恳谈之后心结解开，两人都得以释怀。萧红一直以为舒群和她疏远，是因为他们出了名，到此时才知道是因为没有见到鲁迅先生的终身遗憾。"（史建国、王科编著：《舒群年谱》，2013年作家出版社出版）

这个"心结"究竟是什么呢？当时两萧在鲁迅家里登堂入室，舒群想请老朋友代为引荐，将《没有祖国的孩子》请鲁迅指教，此事竟没有下文。舒群对老朋友打了个问号。这次在北平，萧红告诉舒群这件事的缘由：那时，萧军担心舒群的党派背景会危及鲁迅的安全，加上那时鲁迅身体情况确实很差。萧红为了弥补舒群没有能见到鲁迅的遗憾，慷慨地将《生死场》原稿赠给他，那上面有鲁迅修改的笔迹。

1938年4月，萧红与萧军分手后去武汉，在那里萧红又遇见舒群。舒群住在读书生活出版社的书库里，心情苦闷的萧红常去看望他。一到舒群住处，就把鞋子一甩，一头倒在床上，两眼直盯着天花板发呆。舒群每次劝她去延安，她都不愿意，因为萧红只想做一个无党派人士，对政治不感兴趣。为了去不去延安，有时两人整整争吵一天，也没有结果。

抗日战争胜利后，舒群从延安回到东北，先后担任东北大学副校长、东北电影制片厂厂长、东北文联副主席等职务，就在这时，他认识了夏青。

夏青生于 1926 年，比舒群小十三岁。十四岁开始在黑龙江省的齐齐哈尔、嫩江一带演评剧，以演《桃花扇》而成名。夏青的艺名叫小葡萄红，是跟着她父亲艺名葡萄红而来的。她父亲张凤楼是评剧早期著名旦角。1946 年夏青到哈尔滨的华乐舞台演出。当时，东北文联的张东川来看戏，问大家愿不愿意演《白毛女》。演员们觉得这个戏很新鲜，都说愿意演，由夏青扮演白毛女。那时，没有专门的音乐唱腔设计，因此，喜儿在第一幕里唱的是歌剧，后面几场唱的是评剧，很受观众欢迎。

1948 年，夏青参加哈尔滨剧院演出现代戏，扮演《折桂英》里的折桂英。第一次由导演来排戏，那天，担任东北文协主任的舒群和其他一些同志来看戏。演出结束后，舒群和同志们与演员交谈，表扬了大家，说评剧能反映现实生活，能配合当前形势，是有前途的。这些话大大地鼓励了夏青。不久，成立东北文协评剧工作组，在成立大会上，舒群也来了。大会宣布夏青等六人光荣参军，那时参加国家剧团都叫参军，给每人穿上蓝色干部服，戴上大红花，夏青代表评剧团发言。差不多就在这时，舒群与夏青结合了。

1951 年，夏青在中国青年艺术剧院学习，同年参加东北鲁艺歌剧团，1954 年调到北京在中国评剧团任团长。陈企霞小孩在《舒群伯伯》(载 1996 年 11 月 22 日《光明日报》) 一文中说："记得儿时与舒群伯伯同住一院儿，经常去他家玩。年轻时的舒伯伯高大和善，他与娇小漂亮，爱穿旗袍的夏青阿姨走在一起，样子是那么幸福，曾给我以很深刻的印象。"

"文化大革命"中，夏青只能在家做家务，一直到 70 年代末，才重新上舞台。1980 年，她演出《清宫秘史》获观摩评比表演一等奖。

舒群的脾气很不好，在妻子面前，他是一个固执己见、脾气暴躁的丈夫。但当妻子与他同住一医院时，他扶着墙壁，艰难地一步步挪到妻子病床前，此时的他，是一个体贴入微的好丈夫。这对恩爱夫妇在 1989 年和 1990 年先后去世。

萧红在《商市街·生人》中，曾写道："来了一个稀奇的客人。我照样在厨房里煎着饼……一边煎着饼，一边跑到屋里去听他们的谈话……"这是当年他们在哈尔滨时，舒群到两萧的住的地方去，舒群向他俩讲述自己的战友傅天飞掌握的磐石游击队英勇战斗故事。后来，萧红与萧军的成名作《生死场》和《八月的乡村》都写到磐石游击队，舒群的讲述，催生了这两部现代文学史上的文学名著的诞生。舒群与萧红、萧军的友谊，从青年到老年源远流长、牢不可破。

1982 年 11 月 8 日，舒群为我的萧红纪念卡题词：

学习她写作的勤奋干劲、时代感精神。

学习她写作的勤奋干劲、时代感精神。

舒群

一九八二、一一、八。

傅秀兰

　　我 1981 年 6 月到哈尔滨参加萧红诞辰七十周年纪念学术讨论会，住在花园村饭店。早上 3 点钟，哈尔滨的天就透亮透亮了，每到这时我必定醒来，而且总以为是在上海，但当我看到两层玻璃窗和地上厚厚的地毯，马上意识到，我是在哈尔滨。

　　想到今天要到萧红的故乡——呼兰县，恨不得一骨碌起床，可是怕影响同屋的伙伴，只能安静地躺着，脑子里却像放映机一样旋转不停：我仿佛跟着萧红上她家，在青砖墙、瓦房间、五间一排的平房门口，我们走过厨房，经过大人们的房间，来到阳光灿烂的后花园……

　　天亮后，我们坐上汽车，向哈尔滨市的西北方向驶去，除参观萧红故居，还去了萧红小学等与萧红有关的地方。

　　萧红于 1920 年入呼兰镇城南乙种农业小学（现为萧红小

学）读初小一年级，1925 年初秋，萧红转到南关的勤学小学校（后改称县立第一女子初高两级小学校）读高小，1926 年毕业。

傅秀兰是萧红的同班同学，她记得萧红第一天进教室的情景："一个稍高个的同学，白净的圆脸上，闪着一双聪明又秀气的大眼睛，左眼皮下还有一颗小瘊子，班主任果老师向大家介绍说：'咱们班新来一个同学，她叫张迺莹。'她微微一笑，向大家点了个头，便走向老师给她安排的座位。她便是后来成为作家的萧红。"（傅秀兰口述，何宏整理：《女作家萧红少年时代二三事》，载 1980 年 4 月《东北现代文学史料》第 2 辑）

萧红与父亲张选三的关系不好，尽管如此，他在萧红上学的问题上却异常开明，这或许与他受过师范教育，又任职于教育界有关。父亲在家庭生活中，不讲究一家之主。平时，子女可以争论问题，并可以向父亲请教。他常常对家人说："张家，不管小子姑娘，一样同等看待，谁能出人才，我们就供他读书，女孩子有本事更要抬举，在我们张家不讲男尊女卑。"（萧原：《萧红家世匡补》，载 1983 年 1 月 10 日《丹东师专学报》1983 年第 1 期）

在班上，萧红家虽然不算大户人家，甚至有点衰落，但还是属于富家。在同学们眼中，萧红应该坐马车上学，穿戴特殊些。可她却不，穿的是阴丹士林布的蓝上衣，黑布鞋，一派学生腔，而且从来不坐马车上学。有一次，傅秀兰问萧红："你怎不坐马车上学呢？"她回答："我又不是小姐，我可怕把身体坐坏了。"

萧红学习认真，上课专心听讲，成绩经常在班上的前十名，作文尤佳。1926 年 5 月 3 日夜里，呼兰城里下了一场暴雨，不少穷人家的房屋倒塌，流离失所。第二天，同学们在教室里谈论昨夜的大雨，傅秀兰讲了件自己家附近发生的真事。

她说："我家北窗外，是一条大道，大道的北边有一个特别大的大坑，一个穷苦农民在那里盖了一间泥房。水淹了他的土坑，他抱着孩子逃命，不幸滑入坑底，双双淹死，丢下一个寡妇，十分凄惨。"（傅秀兰口述，何宏整理：《女作家萧红少年时代二三事》，载 1980 年 4 月《东北现代文学史料》第 2 辑）

萧红在一旁听得十分专注，眼睛一眨也不眨，当傅秀兰讲完后，同学们都散了，她还待在原地，仿佛沉浸在那件事中。

不久，老师出了道作文题，题目为《大雨记》。萧红写得最好，她将傅秀兰那天讲的事情，加以文学描写和艺术加工，写得生动、逼真，受到老师的赞扬。

对萧红来说，到学校读书是件非常快乐的事，但在她快毕业时，碰到一件使她非常难堪之事。

6 月末，毕业班进行考试，考完后同学们都急切地想知道自己的成绩。不久传出消息，傅秀兰第一名，吴鸿章第二名，但红榜直到毕业典礼前十分钟才贴出来，出人意料的是，萧红第一名，傅秀兰第二名，吴鸿章第三名。大家看了议论纷纷，搞不清是怎么一回事。后来有人说，萧红的父亲已经调任教育局局长，并且要来参加毕业典礼，校长为了讨好上司，硬将萧红列为第一名。萧红目睹这一切，心里好难受，但她又能说什么呢！

1983 年 4 月 5 日，傅秀兰女士为我题写了萧红纪念卡，上面写了一段萧红的往事。

看到张乃（迺）莹青年时代的印象，使我忆起五十年前同学时一段往事；一九二六年"五卅惨案"发生后，给上海罢工工人捐款，我们同张乃（迺）莹去呼兰八大家头子王白川家募捐，大太太开始只拿出五角钱，张乃（迺）莹气急地说："大太太您拿一元也不多啊！怎么只拿五角钱呢？还有那几位太太的呢？上海工人在水深火热之中，难道你不愿意帮助他们吗？"大太太只好又拿出五角。我们都说，平时不爱说话的人，关键时说出话真厉害呀！

同学们都非常敬佩萧红，觉得她是个很有正义感的同学，而且敢于出头说话。

看到张乃莹静坐时的印象，使我恒起五十年前这些一段往事：一九二六年"五卅惨案"发生后，给上海男工人捐款，我们同张乃莹去中学里大家凑五丑制家春捐大太太开始只给生五角钱，张乃莹气急地说："太太您给一角钱好不好呵！怎么只给五角钱呢？还有那几位太太呢？上海工人至水深火热之中，难道你不愿意帮助他们吗？"太太不言语又给生五角。我们却说。平时随说时和人，关键时说出话来后算呀！

傅秀兰．1983.4.5

我收到傅秀兰的萧红纪念卡后，立即复印了寄到哈尔滨，并希望她能送我一张照片，很快，我的要求得到满足，1983 年 9 月我接到信和照片。

照片拍得很好，只见傅女士坐在圆桌旁，手里捧着茶杯，旁边有水果、糖果和一盆发出清香的水仙花，她后面的墙上挂着一幅中国画，紧靠沙发的茶几上，有一台收音机，上面放着一束鲜花，整个房间的布置，给人一种温暖、和谐、安静的感觉。背后傅女士写道："丁言昭同志存，傅秀兰 1983 年 9 月 16 日。"

信也写于当天，她写："来信收到了，影印片很好，谢谢，因我外出旅游，去了大连住了一个多月没能及时回信，望见谅，现遵嘱寄上照片一张，请收。"

塞 克

　　每当我听到"二月里来呀好春光，家家户户种田忙……"这熟悉的歌声时，就会想起它的词作者——塞克。他在 1988 年 11 月 18 日因病在京去世，讣告上称他为："我国著名艺术大师，诗人、话剧、电影艺术家，话剧、歌剧及电影艺术事业的开拓者之一，原中国歌剧舞剧院顾问……"

　　得到这个不幸的消息后，1988 年 11 月 30 日，父亲丁景唐为我拟了电报稿："惊悉塞克伯伯逝世，不胜悲悼，请敬献花圈，并盼伯母节哀。"当天我去思南路邮电局发了一个电报，给塞克同志治丧委员会。

　　很早以前，就听说延安有四大怪人：冼星海、萧军、王实味和塞克。塞克是"天怪"，为双关语：其一，塞克出奇的高；其二，塞克出奇的怪。人们常常见他一个人叼着大烟斗，穿着拖鞋，在河边散步。或溜达到山里，不是挖石头磨砚台，就是刨树根子雕刻烟斗和手杖。

1942 年在延安文艺整风前夕，毛泽东为了详细了解文艺界的真实情况，就想找塞克谈谈，因为塞克是个敢于说真话的人。毛泽东派李卓然去请塞克，谁知遭到塞克拒绝。原因是说毛主席住处有岗哨，而他从来不到有岗哨的地方。毛主席知道后，立即下令撤去塞克路经之处的岗哨。当塞克到杨家岭去时，果然没有看到一个岗哨。毛主席与塞克欢谈多时，才起身送塞克离去。

我于 1981 年 6 月到哈尔滨参加萧红诞辰七十周年学术讨论会，在火车站见到塞克，他在人群里鹤立鸡群，长得非常高大，说起话来声音洪亮，手里拿着烟斗。

会间，大会组织大家到呼兰县参观萧红的故乡，一路上，我陪一些老作家和外宾坐面包车前往。我坐在塞克伯伯身边，看见他那条的确良裤子上，满是一个个小洞洞，是烟灰烫的。我说："塞克伯伯，你就不能少抽点烟，你瞧，裤子上都是洞。"塞克伯伯还没说话，他夫人王昭坐在前面，立刻笑起来说："你不知道，烟是他的命啊！不然，他什么都想不出来，写不出来！"

烟一直陪着塞克伯伯，到他晚年，由于身体原因，烟才离去。1986 年 11 月 20 日，王昭阿姨来信说："来信收到，我给塞克同志读了，他很高兴！问您好！他最近因天气冷痰多，已住进友谊医院，他已不吸烟了，也不能走路了，能坐在轮椅上。"接着，阿姨说了件高兴的事，1986 年 7 月 12 日（农历六月初六）是塞克伯伯八十寿辰，文化部、中国歌剧舞剧院、音协、剧协的新老领导都来给塞克伯伯祝寿，有王蒙、周巍峙、吕骥、李焕之等人，还有许多朋友也来了，热闹了一天，拍了很多照片，他很高兴。

那时，我几乎每年要到北京去，不是开会，就是看演出，记得一次说塞克伯伯住院，我无法去看望。另外一次我约了朋友到塞克伯伯家里，那是个很大的四合院，只见他坐在轮椅里，精神还可以，见到我们去，特别高兴，他握住我的手，说："小朋友好！"我马上回答："塞克大朋友，你也好啊！"以前，我称他为伯伯，他说以后你叫我为"大朋友"好了。

塞克伯伯对小朋友还是大朋友都是非常真挚热情，对萧红也是如此。1981 年 6 月，他在萧红纪念会上说："我和萧红见面是在 1935 年的上海，而相识却是在抗战爆发后的 1938 年从临汾到西安的火车上。"（《纪念萧红，学习萧红——著名作家塞克、萧军、舒群在萧红诞辰七十周年学术讨论会开幕式上的讲话》，载 1982 年 3 月《东北现代文学史料》第 4 辑）说着说着，他失声痛哭起来，过了好一会儿，才控制住自己的情绪，继续讲述：萧红冲破了封建家庭，在人生的海洋里挣扎苦斗；她经历了给中国人民带来深重灾难的"九一八"事变，她把自己的命运和不幸遭遇跟广大东北人民的苦难完全结合在一起；她在创作上的才华也正是来源于此；萧红是一个很勇敢、很智慧、很有斗争精神的女性。

1927 年 8 月，塞克从哈尔滨经青岛到达上海，参加田汉领导的南国社，由于他在《南归》一剧中成功地扮演流浪者而名声大振，从此开启话剧表演生涯。1935 年塞克在上海同吕骥、冼星海、张曙等，组织中国歌曲作者协会，开展歌咏救亡运动。此刻，萧红也正在上海，勤奋地写作，随着《生死场》的出版而蜚声文坛。萧红给塞克的第一个印象非常美好，塞克说她"年轻而有才华，思想敏锐，她是个很勇敢的中国女性"。

1937 年抗日战争爆发之后，上海成立中华全国戏剧界抗敌协会，塞克被选为理事，组织救亡演剧第一队，出发到西北地区进行宣传演出工作。同年冬天，在山西参加了由丁玲领导的西北战地服务团。当他们一行乘火车到西安的时候，竟意外地遇见萧红、端木蕻良、聂绀弩等，原来他们是从山西临汾撤退出来的。在烽火连天、硝烟弥漫的战争环境中，朋友相见，格外高兴。

在旅途中，塞克和萧红、端木蕻良、聂绀弩一起创作了三幕话剧《突击》。剧本的构思、创意、导演等，其实都是塞克一人所为。

《突击》在西安演出时，曾轰动一时。1938年3月底，《突击》公演了三天七场，场场客满。那时，周恩来也在那里，他观看演出后，接见了全体同志，并在一起合影留念。这部戏得到茅盾的赞许，他说，编剧、导演、演员都是真真实实生活在《突击》里的人，这是它的最大的特色。此文发表在1938年6月的《文艺阵地》1卷4号上。

塞克在西安与萧红分别后，去了延安，在鲁迅艺术学院当教授，而萧红去了武汉，两人再也没有见过面。但塞克在延安有时也能得知一些萧红的情况，对她既敬佩又同情。

在哈尔滨会议期间，一天晚上，皓月当空，我和几个女同胞到塞克伯伯的住处拜访，只见他坐在椅上，悠悠地吸着烟，我们围在他旁边，唱起了《二月里来》，他静静地听着，沉浸在往事的回忆中……

1982年，塞克伯伯在萧红纪念卡上题词：

呼兰河畔忆萧红！！

那时，他身体不太好，拿笔时手有点抖，因此字看上去有点歪，但看得出来，塞克伯伯是在用心写。

1986年我准备写塞克传，有些细节弄不清，就写信问"大

朋友"，得到塞克伉俪的热情支持，王昭阿姨在 1986 年 11 月 20 日来信中说："他的出生年月是旧历 1906 年 6 月 6 日，家中没有材料，我看艺术家词典上有他的材料，我还看到文学家词典上也有，您作参考，您再找找其他方面的材料，我们欢迎您给塞克同志写传记，谢谢！如有疑问请来信。"

后来我写了几万字的长篇文章，只写了塞克戏剧方面的内容，题为《塞克的戏剧活动》，其他方面内容都未涉及，这篇文章刊登在《中国话剧艺术家传》第 6 辑上，1989 年 1 月由文化艺术出版社出版。在这之前，塞克的朋友曾将此事告诉他们，1987 年 2 月 18 日王昭阿姨信中说："许同志告诉我说您写的塞克传是写得不错的，夸奖了您。我祝贺您的成功。"

我第一次见到王昭阿姨，是 1981 年 6 月在哈尔滨开会的时候，她与我差不多高，可是站在塞克"大朋友"身边，只到他的肩膀。王阿姨的穿着非常朴素，上面一件白衬衫，下着一条蓝灰色裤子，脸上满是慈祥的笑容，一说话就让人觉得很亲切。抗日战争胜利后，塞克到东北，沿途经过承德时，被留下做热河省文联主席。这时，他们俩认识了，不久结婚了。冀热辽军区宣传部部长赵毅敏亲自操办婚礼，弄了几桌酒席，承德市市长和热河军区司令员萧克都参加了婚礼。此后塞克和王昭夫妇相濡以沫，举案齐眉，白头偕老。

　　在这之前，塞克在延安有过家庭。据陶雄的文章《塞克：燕赵奇士，延安一杰（续）》（载 1996 年 6 月 21 日《上海文化报》4 版）里透露，当时延安有个姑娘，叫陈克辛，即玛莎，塞克与她相识后，交往也就多了，但遭到很多人的反对，因为有人认为玛莎政治上有问题。丁玲态度最为激烈，对塞克说："好姑娘多得很，你为什么非接近她？"虽然后来查明玛莎没有政治问题，但一开始姑娘的处境确实不妙。听到这些劝告，塞克很生气，很快与玛莎结了婚。因为塞克"这个人有个特点，从小就养成了一种个性：要怎样就得怎样，谁说也不行"。（塞克：《我这个人（摘录）》，载 1993 年 10 月 15 日《新文化史料》1993 年第 5 期）

　　婚后，塞克对玛莎爱护倍加，从来不让她单独外出，有时自己要出去，就将妻子锁在窑洞里。他对康生说："我不能人云亦云，别人说什么我就信什么。"不过两人一起生活不久就分手了。

　　虽然塞克伯伯于 1988 年去世，可是人们一直记着他。1993 年塞克文集《吼狮》出版，11 月 23 日，由文化部艺术局、中国歌剧舞剧院、音协、影协、剧协、延安鲁艺校友会，联合举办人民艺术家塞克文集出版座谈会，很多老同志都参加了，王昭阿姨说："会开的很好，老干部合唱团的同志唱了四个歌，《二月里来》《心头恨》《救国军歌》《三八妇女节》，朗诵《烈

士颂》……我感到您未参加会是件遗憾的事。塞克同志生前非常喜欢您的。"（1993 年 11 月 26 日王昭致丁言昭信）

会上唱的都是塞克"大朋友"的歌，你听——

"二月里来好春光，家家户户种田忙。种瓜的得瓜，种豆的得豆，谁种下仇恨他自己遭殃！"（《二月里来》）

"种子下地会发芽，仇恨入心也生根。不把敌人杀干净，海水也洗不清这心头恨。"（《心头恨》）

"枪口对外，齐步前进！不伤老百姓，不打自己人！我们是铁的队伍，我们是铁的心，维护中华民族，永做自由人！"（《救国军歌》）

……

我们将永远唱着您的歌！

端木蕻良

　　我于 1979 年 2 月发表第一篇关于萧红的文章，到 1991 年 7 月、1993 年 9 月先后在台湾和大陆出版《萧红传》，竟然没有去拜访过端木蕻良，书中所有关于端木蕻良的材料，均来源于已发表的文章，及采访与端木蕻良同时代的老作家。一直到 1994 年 6 月，有朋友来约稿，让我重新写一本萧红传，恰逢那时我到北京出差，便想去看望端木蕻良先生，可是觉得一个人去有点唐突，于是请艾若先生陪同前往，因为他与端木蕻良经常有来往。1994 年 6 月 9 日，我和艾若去看望了端木蕻良及其夫人钟耀群。

　　那天一进门，钟阿姨就问我："你为什么一直不来我家啊？"我怎么回答呢？只能笑而不答，是撒谎说自己没有时间，还是实话实说，因为对端木蕻良有偏见。在一旁的艾若连忙出来转开话题。1994 年 4 月，我写信给端木蕻良先生，说我写了本《萧红传》，想寄去。1994 年 4 月 22 日端木蕻良写了一张明信片，说：

"来信收到，请将书寄来，先谢谢了！"书法很美，看上去很舒服，不过有点女性味道。1994 年 5 月 20 日钟阿姨在信中说："您写的《萧红传》，我只是匆匆翻阅了一下，我想您是想尽力客观来写的，但我从图片的编排顺序上，给我的直觉就是您不够客观。"

我翻看了台湾版的《爱路跋涉——萧红传》前面的图片，是萧红与萧军的合影，及我采访萧军、骆宾基、白危、梅林、蒋锡金的照片，其中居然没有萧红与端木蕻良的合影，这是我的疏忽，应该放的，可是我没有……不知道端木蕻良先生是否看过我这本书，看过后也许会与钟阿姨同感吧！

在研究萧红时，我常常觉得端木蕻良怎么可以在艰难时刻抛弃萧红呢！

一是在 1938 年武汉大轰炸时，文化人都准备撤退到内地，端木蕻良抛下怀孕的萧红，一个人坐船到重庆；二是 1941 年在香港，太平洋战争爆发时，端木蕻良再次抛下萧红，一个人逃走了。

后来经过多次的采访，我才弄清楚怎么一回事，端木蕻良可是吃了天大的冤枉账。

1938 年 8 月，武汉遭到大轰炸，战局越来越紧张，文化人纷纷向香港、广州、昆明、重庆撤退。一时间，船票成了最紧张的东西。萧红和端木蕻良准备与罗烽、白朗及他们的母亲一起走，可是只买到两张船票，白朗与母亲先走。经过努力，好不容易又弄到两张船票，一张给罗烽，因为他母亲和妻子已走，他必须赶去。这样一来，萧红和端木蕻良两个人就只有一张船票，在萧红的一再劝说下，端木蕻良就一人先行了。

夫妻之间互敬互爱，本是人间美事，丈夫照顾妻子，妻子体贴丈夫。一般来说，家中有什么难事，总是由男的来承担，如果反过来，人们就会有想法，这个男的怎么一点也不会爱护自己的女人。特别是在这战火纷飞的年代，健康的男人让怀有身孕的妻子留在不安全的城市里，自己先离开，虽然此事是妻子劝丈夫先行的，但在外人眼里，总是说男的不好。

1939 年底，萧红决定和端木蕻良前往香港，因行程紧张，行前少有人知道，但端木蕻良却告诉了孙寒冰，孙寒冰是端木蕻良的有恩之人。他听后很支持，说："复旦大学在香港有大时代书局，你们到那里可以住在书局楼上。"1940 年 1 月 17 日，萧红和端木蕻良飞抵香港，即住进了尖沙咀金巴利道纳士佛台一间住房，据说这是孙寒冰曾经租住过的。

为了弄清这个住址，我特地请教了久居香港的一位高中同学蔡小培，请求他方便时为我拍张照片，结果未成。他说："纳士佛台，现在叫诺士佛台，街长不到一百米，整条街已重建，旧建筑全部拆除，开设了许多酒吧和餐饮店。香港政府似乎没有保留萧红的故居及遗迹。香港是寸土寸金之地！"

萧红在香港病危时，端木蕻良要出去张罗钱，另外想再找一个安全地方，因此，他恳求骆宾基留下来照顾萧红，骆宾基同意了。但是也有人说，当时，端木蕻良是不辞而别，抛弃了萧红。

1994年5月20日钟耀群阿姨给我的信中说："端木在萧红的文学事业上、生活上、疾病的照顾上，直至去世、安葬上，作为一个丈夫，都是尽了力的！"

我在长途电话的采访中，她说："在战乱的极度困难中，端木为了救萧红，拖着患风湿病的腿到处奔波，把鞋底都磨穿了。给萧红治病、搬迁、进医院、换医院，一直到萧红去世后火化、埋骨灰，都是端木在操办。"

在香港的文学前辈刘以鬯曾访问周鲸文先生，周先生比较熟悉萧红和端木蕻良在香港两年的生活。

问：很多纪念萧红的文章都骂端木无情，不知端木给你的答：（寻思片刻）这……这很难讲。

问：他的为人怎样？

答：端木有点大孩子气，偶尔会撒一下娇。

问：他是不是不大合群？

答：有些人总是嘻嘻哈哈，喜欢在别人面前表现自己。端木蕻良不是那种人。他给我的印象是：性情不太随俗，落落寡欢。

……

问：留港期间端木蕻良与萧红的感情好不好？

答：我总觉得两人心里有些隔阂。

问：骆宾基在《萧红小传》中，说日军攻陷香港后，正在病中的萧红曾经对友人说过这样的话："端木是预备和他们突围的，他从今天起，就不来了，他已经和我说了告别的话……"此外，萧红还表示不能跟他共患难。依你看来，端木蕻良这种打算有充分理由支持吗？

答：端木初时，有突围的打算。后来因萧红的病日渐加重，改变了主意。

问：萧红病重，端木蕻良站在床侧哀哭；而且对萧红说："一定挽救你。"从这一点来看，端木付给萧红的感情并不虚假。你的看法怎样？

答：两人的感情基本并不虚假。端木是文人气质，身体又弱，小时是母亲最小的儿子，养成了"娇"的习气，先天有懦弱的成分。而萧红小时没得到母爱，很年轻就跑出了家，她是具有坚强的性格，而处处又需求支持和爱。这两种性格凑在一起，都在有所需求，而彼此在动荡的时代，都得不到对方给予的满足。

这篇访谈录后来收在世界出版社出版的《端木蕻良论》里。

萧红的朋友如是说，那么端木蕻良自己是如何讲的呢？在1979年8月出版的《开卷》2卷第1期上，有一篇彦华木写的文章，题目为《端木蕻良畅谈生平与创作》。内中作者问了端木蕻良几个问题：

问：外间对您与萧红的相处，似乎颇有微言，作为当事人的您，可否就此事作一澄清？

答：关于有人肆意歪曲事实，其实，也很容易理解。一对夫妇天天吵架，不可能和他们的创作成比例。或者说，夫妇不和绝不是创作的动力。排比一下我们的创作产量质量，这个问题就会迎刃而解的。

萧红于1940年1月抵香港，到1942年1月22日去世的两年间，创作了长篇小说《马伯乐》《呼兰河传》，及短篇小说《小城三月》，其他还有一些散文等，端木蕻良也创作了不少作品。

俗话说：清官难断家务事，公说公有理，婆说婆有理。当一个女子疯狂爱上一个男子时，连对方的缺点都爱。但萧红认识端木蕻良时，已恋爱过，已结婚过，在考虑与端木蕻良的关系问题上，应该理智胜过感情。也就是说，当初她已清楚地看到端木蕻良身上的缺点和弱点，但她还是决定与端木蕻良结婚，那就意味着她能容忍端木蕻良的一切缺点和弱点。可事物要发展，也许开头萧红并不是很清楚地意识到，由于她的性格、文化背景、历史条件等限制，其实很难做到这一点，但已骑虎难下，再加上生病、战争种种原因，更使她无法离开端木蕻良。退一万步来说，萧红对端木蕻良还是有感情的，有她送给他的两件定情物——小竹棍和相思豆为证，并且平时萧红对他也很关心，而端木蕻良为她的作品画插图等细节也能证明。

青菜萝卜个人喜好，况且异性之间的感情，有时如震天动地的火山爆发，有时像涓涓细流，这种微妙的感情，只能意会无法言传。

1938年4月萧红与端木蕻良回到武汉，正是草木知春不久归，百般红紫斗芳菲的时节，他俩在武汉大同酒家，正式举行婚礼，男方的家长和哥哥、嫂嫂，还有几位文化界的朋友前来贺喜。男的，西装革履，好一介书生；女的，穿一袭红丝绒旗袍，人更显得高挑挺拔。

关于这件旗袍的细节，钟耀群阿姨曾告诉我：当萧红婚前试穿旗袍时，由于怀孕，衣服有点紧，嫂嫂帮着替她改了改，穿上去就比较合身。萧红非常感谢嫂嫂。

几年前，我看到胡风女儿张晓风写的一篇文章《萧红佚信一封》，刊登在 2001 年 1 月 8 日《中华读书报》3 版上。说到公安局发还的信件中，发现一封萧红写给胡风的信，写于 1938 年 3 月 30 日两个人结婚前夕，信中说：

前些天萧军没有消息的时候，又加上我大概是有了孩子。那时端木说："不愿意丢掉的那一点，现在丢了；不愿意多的那一点，现在多了。"

这句话可耐人寻味。第一，向世人宣布：萧红已与萧军分手；第二，萧红承认：已与端木在一起；第三，不愿意丢掉的爱人——萧军，现在还是因种种原因，丢掉了；第四，不愿意多得的爱人——端木蕻良，现在还是接受了。这里面的故事多得不得了。

关于端木蕻良与萧红的事情，端木蕻良一直没有写，过了若干年才记叙。在 2003 年 12 月 20 日《文艺报》3 版上，我读到端木蕻良发表的一文《我和萧红在香港》，详细地写了萧红生病后，他怎么样为她奔波办事。

太平洋战争一爆发，端木蕻良和萧红想趁日本人还未到香港，从九龙到深圳回内地。原想先去东莞袁大顿家，袁是端木蕻良在《时代文学》的助理编辑，那时他已回家结婚。可是没等到他们找到袁大顿，东莞已失陷。他俩被困在九龙，形势发展很快，日本人步步逼近，于是他们就回到香港。先在思豪大酒店住下，那是张学良弟弟张学明在那里包的长期房间。不久思豪大酒店中弹，旅客都跑到地下防空洞，萧红跑不动，只能待在房里，整个大楼只有萧红和端木蕻良两个人，这儿没法住下去，以后又搬了几次。等到12月25日圣诞节，港英政府投降，与日本人签订占领和约。端木蕻良把萧红安顿好后，上街找医院，但都不营业，最后找到养和医院，这是私营里最好的医院，医院里最好的医生叫李树魁，其弟弟叫李树培。

经过检查，李树培说要开刀。端木蕻良有点犹豫，不同意开刀。李树培说："你是听我的，还是听你的！"萧红对端木蕻良说："你不要婆婆妈妈的，开刀有什么了不起。"端木蕻良想起二哥的病，在北京的医院躺了八年，仍然犹豫不定。可是萧红性格很倔强，自己签了字。

手术做得很利索，端木蕻良看血流不多，萧红被送进病房后，很快就恢复了知觉，他因此认为麻醉技术高明，心里比较放心。可是当端木蕻良听到萧红非常低沉的声音说："我胸疼，是不是我的胸？"心里一惊，禁不住呜咽起来，想想二哥在北京还有医疗条件，在香港根本没法，医院已经说过："我们已束手无策了。"看着萧红痛苦的模样，端木蕻良感到自己无能，哭泣起来。静下心来想，还是转到玛丽医院去，这是公家最好的医院。

此时，香港交通已断绝，两个医院来回有八十里路，萧红如何送过去呢？要找汽车，只能找日本人。忽然他看到有两个日本人在用英语交谈，再看见他们手臂上有记者袖章，思忖他们也许能提供帮助。于是上前用英语自我介绍，说他是端木蕻良，刚刚说了一句，他们就笑了，说知道端木蕻良。后来知道那两个日本人是朝日新闻社的。在他们的帮助下，先把萧红送到玛丽医院，可很快玛丽医院被军管，又将萧红送到法国医院，不幸又被军管。幸亏，法国大夫在圣士提反教会设立个临时救护站。端木蕻良问那个法国大夫萧红还有希望吗？他说："在这个情况下，我很难说这个话，假使在正常情况下，她是有希望的，我可以保证这点，现在这个情况，我一点办法也没有，只能维持现状。我尽量把现在的好药都拿出来，使出我最大的本事。"这样使萧红维持了一段时间。

萧红临终之前，对端木蕻良说过："要葬在鲁迅墓旁。"但当时情况是做不到的，端木蕻良说只有将来办了。萧红想了想，说："那你把我埋在一个风景区，要面向大海。"这样端木蕻良就选定了香港风景最好的浅水湾。

萧红去世后，端木蕻良一直珍藏着妻子的头发，好似日日夜夜陪伴着她。"文化大革命"后，端木蕻良几乎每年都要到广州银河公墓去为萧红扫墓、写诗，或托朋友代为扫墓。20 世纪 70 年代初，端木蕻良写的《萧红逝世四十周年祭》如下：

天上人间魂梦牵，

西风空恨绿波先。

春蚕到死丝无尽，

蜡炬成灰泪未干。

布被寒生七尺铁，

灯华热涌五音弦。

霜刀岂削石中碧，

剑雨徒增绛草妍。

1989 年清明，端木蕻良又写了一首《祭萧红》：

年年此日是清明，

柳色如烟亦无声。

唯有半夜星作雨，

珠光点点化泪倾。

十八年过去，端木蕻良在朋友介绍下，认识了在昆明军区国防话剧团工作的钟耀群女士，于 1960 年 3 月结为秦晋之好。

第二年生了个可爱的女儿，取名钟蕻。

至此，钟耀群陪同夫君同往广州银河公墓，为萧红扫墓。

生死相隔不相忘，落月满屋梁。梅边柳畔，呼兰河也是潇湘，洗去千年旧点，墨镂斑竹新篁。

惜烛不与魅争光，箧剑自生芒，风霜历尽情无限，山和水同一弦章，天涯海角非远，银河夜夜相望。

1995 年重庆电视台为纪念抗日战争胜利 50 周年，录制一部《热血之歌》，其中有钟耀群演唱的《嘉陵江上》。钟阿姨在抗日战争期间演唱过该歌曲，如今虽年逾古稀，却仍然唱出当时高昂的士气，她唱得那么有感情，因为这首歌的词作者正是她的丈夫——端木蕻良。第一次听到这首歌的时候，他激动得哭了，哭得像个孩子一样，不停地擦泪……

1982 年端木蕻良在上海，为我的萧红纪念卡题词：

永远怀念

1996 年端木蕻良因病去世，我们也将永远怀念他！

永遠懷念

端木蕻良

一九八二年 手書

戴爱莲

　　我没见过戴爱莲先生，可从小就知道她是位舞蹈家，而且老是将她与另一位舞蹈家陈爱莲搞混在一起。其实她们是属于两辈人，一个生于 1916 年，一个生于 1939 年。

　　从前经常听我爱人董锡麟（1943—2003）说起陈爱莲的趣事，他们都就读于北京舞蹈学校，是前后同学。他说课余时，看到陈爱莲与一男同学坐在秋千上谈恋爱，故意悄悄地上前捉弄他们，引得周围的同学大笑……

　　有一回,我在《舞蹈》杂志的封面上见到一幅舞剧《美人鱼》的剧照，主演是陈爱莲，看得我爱不释手，立即藏起来，没事就拿出来欣赏欣赏。不久又发现一张她跳《春江花月夜》的剧照，身着长长的纱裙，双手各拿一把白色的鹅毛扇，后腿抬起，美极了，我又收藏起来。可惜现在都找不到了。

戴爱莲是北京舞蹈学校的第一任校长，首任中央芭蕾舞团团长，其前身为北京舞蹈学校附属实验芭蕾舞团，是中国有史以来建立的第一个专业芭蕾舞团。戴爱莲是中国舞蹈事业奠基者之一。自 1959 年 12 月至今六十多年的历程中，肖慎、李承祥、赵汝蘅、冯英等历任团长带领中芭走出一条古典与现代交相辉映、民族与世界完美融合的艺术发展道路。这么多年，该团先后创作排演舞剧和小节目几百部，已成为世界一流的芭蕾舞团。

戴爱莲出生于西印度群岛的特立尼达，1930 年，她赴英国伦敦学习舞蹈，曾先后师从著名舞蹈家安东·道林、鲁道夫·拉班等，后来又投奔现代舞大师玛丽·魏格曼名下。1931 年中国发生"九一八"事变，当时戴爱莲在英国，在公共汽车上一位乘客告诉她这个消息。后来她参加了英国的远华委员会，为宣传抗日经常到各地演出。

1937 年戴爱莲看到斯诺的《西行漫记》后，执意要回国，她说："我看了斯诺的书后，认识了中国现状，知道了延安和共产党，知道中国是有希望的，我想回来为它做点事。"

1938 年，"希望成为一个真正的中国人"的戴爱莲带着抗日热忱，千里迢迢地到了香港。戴爱莲是个大名人，刚到香港，报上立刻刊登消息："中国舞蹈家从英国学习归来，到达香港。"一向关心媒体的宋庆龄先生看到这个信息后，就派自己的秘书廖梦醒去见戴爱莲并约她与自己见面。这令戴爱莲十分欣喜，没想到这么快就能见到崇敬的宋庆龄。当宋庆龄见到戴爱莲时，热情地拉着她的手，说道："我们有个'保卫中国同盟'的组织，它的主要工作是抗日募捐、为前线采购药品，不知你能不能参加我们的活动？"戴爱莲立刻爽快地回答："当然，没问题！为抗日出力，是每个中国人分内的事情。我责无旁贷！"

在一次表演会上，戴爱莲与叶浅予相识了，她说："经过宋庆龄女士的介绍，一次偶然的机会我认识了叶浅予，看到他的速写让我很惊讶。我觉得自己会爱上叶浅予，认识两个礼拜以后就订了婚。"宋庆龄亲自当了戴爱莲和叶浅予婚礼的主持人，在自己的住处为两位新人举行宴会，宣布他们结为夫妇。虽是战时，可是到场的嘉宾却使这场婚礼具有不凡的意义。当时在港的著名文化人以及保卫中国同盟的成员爱泼斯坦、廖梦醒、柳无垢、丁聪、刘邦琛、夏衍、张光宇、黄苗子、冯亦代等都前来贺喜。新婚后一个星期，戴爱莲和叶浅予就踏上回祖国内地的征程。

由于战争，公路被破坏，因此他俩一路上十分辛苦。到达重庆后没几天，戴爱莲夫妇应邀出席朋友的家庭晚宴，出席的除了主人郑氏夫妇外，还有郭沫若和一位周先生。席间，郭沫若向戴爱莲介绍坐在右边的周先生说："这位是周师长。"戴爱莲以为他隶属于国民党，她一直以来对国民党很反感，所以没与那位周师长说一句话，只顾与主人和郭沫若交谈。虽然她不理他，可是暗暗地观察他，觉得周师长风度翩翩，举止得体，讲究礼仪，心想，这样的人不应该加入国民党军队。回到饭店，叶浅予第一句话就问："你知道那个周先生是谁吗？""不就是国民党的师长吗！""他是周恩来！""啊！原来他就是周恩来先生！"

戴爱莲恍然大悟，想起离开香港时，宋庆龄写信替她引见的周恩来啊！一时懊悔不已，决定有机会一定要向他赔礼道歉。

机会来了，那次晚宴后不久，邓颖超请戴爱莲夫妇去做客。席间，戴爱莲向周恩来表示深切的歉意，并将宋庆龄的信交给他。周看完信后，说以后有事，可以到八路军办事处找自己。当戴爱莲表示想去延安参加革命时，周恩来说，在重庆也有许多工作要做。于是，戴爱莲就留在重庆，经历了重庆的大轰炸、香港的沦陷。

在这期间，戴爱莲先后结识了张大千、马思聪等艺术家，她满怀爱国之情，根据马思聪的《思乡曲》编排了同名舞蹈，其他还有《空袭》《东江》《警醒》《进行曲》《卖》《游击队的故事》《朱大嫂送鸡蛋》……

特别要提一下《朱大嫂送鸡蛋》这首歌。20 世纪 40 年代末，这首歌非常流行，几乎人人都会唱。我父亲丁景唐当时在陕西北路 369 号宋庆龄家老宅，与一百多个难童迎接解放，扭秧歌，唱着歌，其中有一首就是《朱大嫂送鸡蛋》。

这是崔牛根据民歌《刮地风》改编，为了配合解放战争的胜利，添上词，共有三段唱词。

第一段为："朱大嫂收鸡蛋 / 咕打咕打咕咕打 / 朱大嫂收鸡蛋 / 进了土窑窑依呀嗨 / 筐里的鸡蛋都拿出来依呀嗨 / 十个鸡蛋刚刚好 / 手拿鸡蛋出了门。"

第二段为："出了村口 / 过了大石桥 / 走了二里地 / 出了村口呀 / 到了大风庄依呀嗨 / 把鸡蛋给了当兵的依呀嗨 / 再问声同志打仗辛苦 / 当兵的听了大声笑 / 嘻嘻哈哈 / 哈哈嘻嘻 / 好大嫂依呀嗨。"

第三段为："当兵拿鸡蛋呀 / 唱着歌儿笑 / 谢谢你好大嫂 / 大嫂真正好 / 咱们当兵的要打仗依呀嗨 / 不打仗对不起朱大嫂 / 只有你们打胜仗，圆圆鸡蛋管吃饱依呀嗨……"

随着新中国的成立，戴爱莲创作了不少作品，有《荷花舞》《飞天》等经典舞蹈。

2006 年 2 月 9 日，著名舞蹈艺术家、中国舞蹈家协会名誉主席戴爱莲因病医治无效，在北京逝世，享年九十岁。对于她的去世，上海舞蹈界人士舒巧、辛丽丽、黄豆豆、金星等，无不深情追忆戴爱莲先生。

舒巧回忆 1950 年与戴先生一起出访印度、缅甸和印度尼西亚，足足半年。每当她一上台跳，大家都挤到台边看。她演出的是《哑子背疯》，腿部是一个趔趔趄趄的男子，上身却是极有风韵的女子，真不知道她如何可以控制得这么好。

辛丽丽说，戴先生不仅仅是一个舞蹈大师，更是一个慈祥的老师。她曾说过芭蕾不能为技术而技术，要建立自己的舞蹈环境；还要求丽丽不但做一名舞蹈家，还要做一名艺术家，平时多听听音乐，注意增强自己的表现力。

在黄豆豆的印象中，戴先生一直是中国舞蹈事业发展的开拓者，中国舞蹈界的大师。她接受的是欧洲的舞蹈教育，却把中国民间的东西在舞蹈中表现得非常鲜明，融合得天衣无缝，不能不令人叫绝。

金星说，戴先生是舞蹈界资历最深，却最谦虚的一个人。早年留学英国的她是最有资格站在西方角度审视民族文化的人，但她从来不恃此倨傲。戴先生为人正直。诚如她创作的舞蹈《荷花舞》一样，出淤泥而不染，濯清涟而不妖。

　　我手上有一帧戴先生为我写的萧红纪念卡，这张纪念卡是我爱人董锡麟，让北京的老同学找到她请她写的。时间是 1983 年 12 月，戴先生写道：

　　1940 年我在香港拜访过萧女士，当时她已住院。虽然她身体虚弱，但头脑清醒，精神乐观。这次见面给我留下深刻的印象。

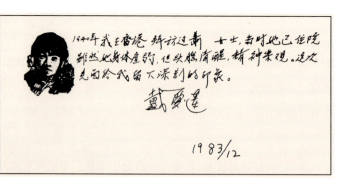

　　下面签着戴爱莲的名字。

说不完的萧红

　　我从 1979 年 4 月发表第一篇关于萧红研究的文章《崇高的
敬意，深切的怀念——读萧红〈回忆鲁迅先生〉札记》起，截
至 1989 年 10 月，发表了二十多篇，后来又陆续在各个报纸杂
志上发表了一些文章，当我出版完《萧红传》《萧萧落红情依依》
和《萧红读本》时，基本上将萧红研究告一段落，一直到现在
想把萧红研究总结成一本书:《萧红纪念卡》。

　　记得初次见到葛浩文，他就问我:"你是萧军派，还是端
木蕻良派?"他这一问，把我问傻了，那时我根本没有想过这
个问题，我支支吾吾地说:"我大概……也许……可能属于萧军
派吧?"

　　1981 年我到哈尔滨参加纪念萧红诞辰七十周年国际研讨会
时，看到一个现象，才迷迷糊糊地意识到，果然有两派啊。那
次开会，请了萧军、骆宾基、舒群、塞克等前辈，没有请端木

蕻良。那时候哈尔滨的报纸杂志连续刊登有关萧红的文章、报道，我留意地看到，只有几篇文章是讲端木蕻良的，作者是端木蕻良的熟人或是学生，但占了很小部分。随着萧红研究的深入，深深地感觉萧军、骆宾基和端木蕻良三个人之间的恩恩怨怨总是说不清、道不完、剪不断、理还乱，咋办呢？我想：如果我有能力，把他们三个文学老前辈聚在一起，该有多好啊！

没想到的事情真的发生了，我看到在 1997 年 3 月 19 日、20 日、21 日、22 日、23 日《澳门日报》上，连载了旅欧东北作家赵淑侠女士写的《萧红的三个男人》，还配有一张照片，旁边一行字："萧红的三个男人与赵淑侠合照——萧军、骆宾基、端木蕻良（左起）。"照片摄于 1986 年北京。

这三个人是"终身情敌"，吃的是"陈年老醋"，在一起合影，真是个奇迹啊，也可认为是中国文学史上的一片花絮。不管他们三个人的内心是怎么想的，总是一件好事吧。

我书中有几位前辈没写，有曹靖华、梅志、蒋锡金等先生。

曹靖华先生是我国著名翻译家、作家、教育家。他在 1982 年 11 月 5 日于北京医院，为我的萧红纪念卡签上了大名。当时我知道他与萧红见过面，有一点交往，但是具体情况不详，原来想去北京时采访他，可惜一直没机会，拖到现在，竟无法再

采访了。

20世纪80年代初，我曾将萧红纪念卡寄给好多与萧红有交往的前辈，但有的没有寄回。

蒋锡金先生在1983年4月26日的信中说："你寄给我的一本杂志和一帧萧红纪念卡片，尚未收到。因此未能给你回信。你说将再寄来，当然是好的。不过，我考虑其所以寄丢的原因，大概是由于你寄到我的旧址去了。"后来我根据他写的新地址又寄去，结果还是没有回音。父亲说他老忘事，在这封信的边上写道："蒋锡金老公公是个有趣的人。他说，他也常忘事，记到了就写，忘了就忘了。"他们俩一到北京就见面聊天，过了好几天吃中饭时方才对父亲说："有一封信忘了寄出，没有邮票，现在就交你带回上海，交给小丁吧。"

1979 年 6 月 16 日蒋锡金先生给我的信中说：他与萧红相识的时间不长，曾与萧红等人短期同住在武昌水陆前街小宝巷。虽然说得非常简单，但是我寻找了许多资料，居然在萧红传里写了一个章节。

那时，蒋锡金先生答应萧军的女儿萧耘写一篇关于萧红的文章，萧军不放心他写萧红，因为萧军对萧耘说他是"萧红党"，怕写到萧军时，把他写坏了。所以写完后，就先寄给他看，"他如同意，我就发表，不同意，就不发表。他看了，写信来说，我的写法是'自然主义'，把萧红写坏了，写得像个'女流氓'了……我就不想发表了"。（1979 年 6 月 29 日蒋锡金致丁言昭信）看到这儿，我就想笑，因为我知道萧军伯伯挺爱开玩笑，说话幽默……

我很同意蒋锡金先生的说法：写"史料"，就应该讲一点"自然主义"，成文时，进行剪裁、选材、去粗存精、去伪存真等工作。目前能够寻找到的蒋锡金先生的书信，有十封，内容丰富，不光讲到萧红，还有关于关露、王映霞、叶君健、《大路》画报、《我歌唱》、《行列》、"上海诗歌座谈会"等，将来有机会，专门写一篇关于锡金先生的书信。

多少年过去了，我的萧红档案袋里增加了不少材料，我的书橱里多了好几本萧红传记，我收到许多文化前辈的书信和照片，面对这些丰富的资料，该如何取舍，该如何写这本书呢？我想首先内容要新，怎么才能新呢？经过那么多年，国内外的学者早就把萧红研究得不能再研究了，去哪找新材料？当然有啊，在哪儿啊？在这些前辈给我的信里呀。其次结构要新，不能按照我原先的习惯，从小写到大，要将这些萧红的伴侣、知交、朋友，一个个立体地、鲜活地出现在读者面前。最后理念要新，不能单纯地把萧红写成一位女作家，她不是神，是人，一个女人，有七情六欲，有喜怒哀乐，作为一个普通人的特点，她都有。但是坊间流传的没有根据的戏说，绝对不能放入其中。

当然，要做到这一点是很不容易的，那就努力呗。

与萧红同辈的老前辈均已故去，只能找网上材料，但是，我不太相信这些材料，怎么办呢？那就结合我以前采访的手记，经过分析研究，认真地思考，回忆当时的情景，尽力恢复原来的画面。

我觉得看书，用不着太吃力，要轻松些，所以在语言上不必太刻意，用散文似的比较合适，就如跟朋友聊天一样。

看完书，也许我做得不十分圆满，但我努力了，希望读者能鼓励我一下！以利我今后的写作。

最后，提醒一下，书中的人物均按照姓氏笔画来排列。